JN025426

髙橋靖恵
西 見奈子 :編

心理臨床に生きる
スーパーヴィジョン

その発展と実践

日本評論社

はじめに

西　見奈子

　本書は京都大学大学院教育学研究科臨床実践指導者養成コースで日々、積み重ねられた知見をもとに編まれたものである。本コースは2004年に創設されたもので、初代の教員は藤原勝紀と皆藤章であった。また、臨床実践指導者すなわちスーパーヴァイザー養成を目的とする大学院の博士後期課程の独立講座であり、講座の目的は心理臨床におけるスーパーヴィジョンを高度な専門活動として可能にする訓練システムの構築・整備・検討・精緻化にある（皆藤 2014）とされる。この講座開設前にその礎としておこなわれたのが、藤原による「心理臨床家の養成における『臨床実践指導』に関する開発的研究」（2001 - 2003年度）であった。研究成果報告書（2004）の中で、藤原は心理臨床家の養成がいかに知識伝授型の教育課程とは異なり、困難なものかを述べている。

　心理臨床家の養成の難しさは、それが内面的な心と心の使い方、あるいは全人格に関わる生き方について、いわゆる教育指導が可能かという本質課題を提起する点にある。それにもかかわらず、単なる専門知識や人生経験のことではなく、教育指導によって一定の専門資質の養成ができる専門性なのだ、と言えなくては養成する教育課程は成り立たないわけである。「臨床実践指導」の課題とは、まさにこの点に挑まざるをえないのである。

　優れた心理臨床家というものが、知識伝授だけでは育成できないことは誰

3

もが知ることである。心のあり方や使い方を教えることは単純ではない。足し算ができるようになることと人の気持ちがわかるようになることでは、まったく異なる教育の方法が必要である。私たちはどうやって自らの心を使って相手の心を知ることができるようになり、さらには相手の心の使い方について一緒に考えることができるようになるのだろうか。

その指導方法として心理臨床領域で広くおこなわれているのがスーパーヴィジョンである。しかしながら近年、心理臨床領域は拡大し、多様化する中で、従来のスーパーヴィジョンモデルが通用しないという声が聞かれるようになってきた。本書はそうした現代の心理臨床におけるニーズに応えるべく、企画されたものである。

第Ⅰ部では、心理療法における異なるアプローチからその多彩なスーパーヴィジョンのあり様を検討する。そこで取り上げるのは、芸術療法、ダンス・セラピー、精神分析的心理療法、家族療法である。第Ⅱ部では現場の違いに注目し、医療、教育、司法の現場を取り上げる。第Ⅲ部では総括として、歴史、体験、発展という視点から、スーパーヴィジョン全体を論じる。このように充実した内容は本コースの多様性を反映した結果に他ならない。様々な現場で異なるアプローチを実践している臨床家が集い、議論を重ねることで、見えてきた理解をここに示したつもりである。

最後に表記についてお断りしておきたい。本コースの名称は元々、「臨床実践指導学講座」であった。しかしながら、組織改変により平成30年４月から「臨床実践指導者養成コース」に変更となった。執筆者によって表記が異なるのはそうした理由からである。また、専門家以外にも広く読んでいただきたいという思いから、「スーパーヴィジョン」は略さずにそのまま表記しているが、「スクールカウンセラー（SC）」と「スクールソーシャルワーカー（SSW）」については文章の読みづらさから簡略化して記した。これらの点をご理解いただければと思う。

さて、本書は本コースが創設されて20年という節目の年に刊行されるものである。本コースは臨床実践を積み重ねていること、さらに指導的立場にあることが入学条件であることから、本書からも伝わってくるように、そこで展開される議論は机上の空論ではない臨床実践に深く根ざしたものである。

しかし、多くの臨床家が体験しておられるように、実践を深く豊かにおこなうことと、それを言葉にして文章にまとめることとは乖離しがちである。日々の臨床に追われながら、その乖離を埋めることに果敢に挑んだ執筆者の皆様には心からの敬意を表したい。またそうした意味でこの本は紛れもなく現場に即した本である。心理臨床の指導者層はもちろん現場の臨床家に幅広く役立ててもらえれば幸いである。

［文　献］

皆藤章編（2014）『心理臨床実践におけるスーパーヴィジョン―スーパーヴィジョン学の構築』日本評論社。

目　次

多様な
心理療法における
スーパーヴィジョン

心理臨床実践では、実に多くの心理療法による支援が
なされている。第Ⅰ部では、そうした多くの学派の中から、まず
第1章で、芸術療法によるアプローチを取り上げる。編者の
経験では、主として医療機関において、絵画や粘土、書道と
いったものの媒介を通じて患者（クライエント）との深いこころ
の交流を目指していくものと理解している。新居みちるに、その
教育とスーパーヴィジョンとはどのようなものであるかを論じて
いただく。次に第2章で、芸術療法の一翼を担うイメージも
抱かれるであろうダンス・セラピーの経験から、身体性にかか
わる心理療法を取り上げる。鍛冶美幸は、ダンス・セラピーの
熟練を経て、現在は精神分析的アプローチへと活動の幅
を広げてきている指導者である。その視点から、身体イメージ
に注目した心理療法実践におけるスーパーヴィジョンの在り
方についてまとめていただく。第3章では、精神分析的心理
療法におけるスーパーヴィジョンについて論じていただく。星
野修一は、若手ながらさまざまな心理臨床実践現場での
経験を積み、それを生かして精神分析的心理療法を丁寧
に実践している。本書では、あえて若手の視点から訓練の在
り方についてまとめ、その多様性についても触れていただくよう
に依頼した。最後の第4章は、長年の家族療法経験を持
つ指導者として、布柴靖枝に、家族療法におけるスーパーヴィ
ジョンの在りよう、今後に向けての課題について明快にして
いただけると考える。

　本書では、それぞれの著者が、アプローチや現場が異な
っても、こころの深い部分に触れていき、患者（クライエント）の
思考し、歩みを進める力を支援していく心理療法を志してい
る。読者の方々には、第Ⅰ部において、多様な中にも、一貫
した姿勢を見出していただけたら幸いである。

第1章

日本の芸術療法における教育とスーパーヴィジョンの展望

新居みちる

第1節　欧米を中心とする諸外国の Arts Therapy と日本の芸術療法の特徴

　欧米を中心とする諸外国の Arts Therapy と日本の芸術療法とでは、社会的認知度や発展度合い、実施様式や技法の展開の仕方等、基本的なアプローチ方法に大きな差異があるが（新居 2021）、日本では治療者にさえ明確に認識されておらず、芸術療法の教育やスーパーヴィジョン制度も整備されていない。そのため、第1章では、欧米を中心とする諸外国の Arts Therapy と日本の芸術療法における基本的なアプローチ方法の違いや教育ならびにスーパーヴィジョンを概観したうえで課題を整理し、最後に日本の芸術療法の発展に向けて、芸術療法家の後進育成の視点から芸術療法における教育とスーパーヴィジョンについて展望を述べる。

　第1節では、欧米を中心とする諸外国の Arts Therapy とわが国の芸術療法の基本的なアプローチ方法について、その特徴を概観し、問題を整理する。

　なお、第1節と第2節では、欧米で展開されている流れを汲むさまざまな様式の芸術療法の総称を "Arts Therapy"、その中でも絵画・造形等、視覚

芸術を用いる芸術療法を"Art Therapy"や"アートセラピー"、日本で展開されている単一様式・単一技法のものを"芸術療法"として表記する。第3節以降は、アートセラピーと芸術療法の表記を統一し、"芸術療法"として表記する。

(1)芸術療法史にみる諸外国の Arts Therapy と日本の芸術療法の展開

　芸術療法とは、クライエントとセラピストの信頼関係の基に表現されるクライエントの言葉に依らない表現を媒介にした心理療法で、幅広い年齢層を対象に、絵画・造形等の視覚芸術や音楽、ダンス・ムーブメント、詩歌、連句、ドラマ等の表現様式を用いる。芸術療法という名称は欧米圏に端を発する絵画・造形等の視覚芸術を用いる"Art Therapy"に由来し、英国アートセラピー協会はアートセラピーを「アート素材を表現とコミュニケーションの主要な様式として用いる心理療法のひとつの形態である」と定義している。

　アートセラピーの創始者は、米国で1941年から1947年まで精神分析の技法をアートセラピーに取り入れ精神科の治療として実施したNaumburg（中井1995）であるが、1960年代に入ると米国の医療現場でアートを用いた治療や教育を実践していた美術家たちが、国際表現病理学会から独立し、アートセラピストとして全国組織を設立し資格化していく。その経緯の中でアートセラピーが診断の道具ではなく、治療の手段としてあることを宣言し、1969年に米国アートセラピー協会を創設し、翌年、第1回大会が開催された。1970年代に各地の大学・大学院でアートセラピーのトレーニングプログラムが設立され、1980年代にフロイト派、ユング派、対象関係論派、自己心理学派、ゲシュタルト療法派、折衷論派、行動療法派、認知療法派等、アートセラピーもさまざまな心理学の学派に基づき展開されていった。1990年代に、ミュージックセラピー、ダンスセラピー、ポエトリーセラピー、ドラマセラピー等多様な様式が統合され、Natalie Rogers が、パーソンセンタード・アプローチに基づく表現アートセラピーの流れを作った。

　筆者が実施している欧米のCreative Arts Therapyとは、アートセラピー、ミュージックセラピー、ドラマセラピー、ダンス・ムーブメントセラピー、表現アートセラピー等、さまざまな様式の芸術を用いたセラピーの総称で、

さまざまな様式の Arts Therapy が単一的、複合的に組み合わされて行われる。

このように欧米を中心とする諸外国では Arts Therapy はとてもポピュラーで、米国や英国では学部・大学院でアートセラピー学科が存在し、教育や資格が整備される等専門職として社会的に確立され、数千人のアートセラピストが医療機関や介護施設、刑務所やコミュニティセンターで働き、利用者が Arts Therapy のケアを受けることは珍しくない。台湾、韓国、タイ、シンガポール、香港、中国、カンボジア、ベトナム、インド、ブラジル、サウジアラビア等でも実践され（関 2016）、ドイツでは精神科・心療内科で治療を受けている患者の66％が週1.6回以上 Arts Therapy を受けている（宮田 2022）。

韓国における発展も著しい。韓国美術治療学会会長の李（2023）によると、1992年に韓国美術治療学会の設立後、音楽治療や舞踊／動作治療、ドラマ治療等、各々のアートセラピストが活動を行ってきたが、さまざまな様式の芸術治療を総合的に活用するほうが有効性が高いという研究結果に基づき、2000年以降に統合された形で実践されるようになっている。学会認定資格の他に韓国の保健福祉部で認定する資格もでき、芸術治療士養成課程がある大学・大学院は25以上存在する。しかし、かつては「アートは学問ではない」という社会認識も強く、李は国家資格を作ろうと、展示会の開催や学会参加、国会でセミナーを実施する等、５年間は社会運動を実施し、芸術治療に触れた障害児の親の会やアートセラピスト等の協力が集約し専門資格が作られていった経緯があるという。

日本では、戦前の心理学の中での芸術療法的活動は、絵に関する心理学的研究、無意識に関する理論の紹介等があったものの、それぞれの活動はバラバラの状態にあり、臨床心理学者の心理療法的活動は現れておらず、戦後の芸術療法の導入までは、時間を要していた（安齊 2013）。学会としては、1969年に芸術療法研究会が発足、1972年に日本芸術療法学会が設立されたが、そこには国際表現病理学会日本支部組織が設置され、他方、家族画研究会は、1991年に日本描画テスト・描画療法学会となり第１回の大会が開催され、今日までの発展に至っている。

また、日本の場合、芸術療法の実施様式や技法の展開の仕方が欧米諸国のアートセラピーとは大きく異なっている。新居（2021）は、日本の絵画・造形等、視覚芸術を用いる芸術療法の特徴を整理したが、それらは本稿のテーマ「芸術療法の教育とスーパーヴィジョン」にも関連するので、以下に特徴を示す。

(2)日本の芸術療法の特徴・課題・展望

①絵画診断が優勢であること

　ひとつ目の特徴に、日本では描画テスト（投映法）が、「絵画診断」と「治療的介入としての芸術療法」との境界が不明瞭なまま実施されていたり、「絵画診断」が優勢であることが挙げられる。Mills ら（1991）は描画テストを「心理学の領域で発展した描画」とし、アートセラピーとは異なる領域として明確に位置づけているが、米国で描画テストが大流行した後、1960年代以降に日本で描画法が紹介され、心理学者の研究対象となったこと、日本芸術療法学会が"創造性と精神的逸脱の関係性を探ろうとする病跡学"（加藤2001）に軸をおいた国際表現病理学会日本支部として運営されてきた経緯も関係していよう。

②単一様式における単独技法の実施

　ふたつ目は、絵画療法、造形療法、陶芸療法、短歌・俳句・詩歌療法、箱庭療法、舞踊療法、心理劇、音楽療法等が単一的に実施され、絵画療法では"スクリブル法"や"スクイグル法""コラージュ療法""風景構成法"等が単独技法として実施されてきていることである。そこにはたとえば表現された絵画を踊る等、多様な表現媒体を複合的に組み合わせる概念がない。それらは、日本の大学院では芸術療法家の養成や"表現のマルチトレーニング"が実施されていないことに起因しているだろう。

③表現のためのアート素材・道具の幅が狭いこと

　三つ目は、表現のためのアート素材や道具が重要視されていないことである。欧米では立体表現も積極的に扱い、木の実や葉っぱ、石、貝殻等の自然物やガラス、布、廃材、さまざまな触感の紙、針金、毛糸、粘土等、多種多様な素材や、先が硬くて色が薄い鉛筆から柔らかく濃い鉛筆、透明水彩から

油絵具、細い絵筆から極太のハケ等、道具の幅は広い。日本では、平面表現の実施が一般的で、アート素材や道具の選択肢は狭く、素材や道具がクライエントのこころの表現に及ぼす影響は精査されていない。

　このように、日本では、①絵画診断が優勢で、②さまざまな様式のさまざまな技法が複合的に実施される概念がなく、③表現のための素材や道具が重視されていないことから、クライエントが自身に合った表現媒体と出会う機会が少なく、表現の幅を狭められているという課題がある。

　しかし日本の芸術療法では、技法自体や単一技法によるクライエントの経過を丁寧に検討していく良さがある。他方、欧米のアートセラピーには、クライエントに合った媒体や方法でセッションを組み立てるため、非言語の多様なチャンネルで受容できる良さがある。そのため、単一技法を掘り下げる日本の芸術療法の実践のなかに、欧米のような多様で柔軟なアプローチが取り入れられ統合されていけば、一技法の効果検討を重ねながらも、クライエントの微細なこころの表現をより多く紡いでいける可能性があると筆者は考えている。

　いずれにせよ、日本の芸術療法における教育とスーパーヴィジョン制度を構築していく際に、まずはこれらの違いを踏まえておく必要がある。

第2節　諸外国のアートセラピーと日本の芸術療法における教育とスーパーヴィジョンの課題

　第2節では、諸外国のアートセラピーと日本の芸術療法における教育とスーパーヴィジョンの近年の動向や特徴を概観し、課題を整理する。

(1)諸外国のアートセラピーにおける教育とスーパーヴィジョンの現状
①英国と米国におけるアートセラピーの認定資格と教育制度
　英国や米国では、各国のアートセラピー協会が認定資格を発行している。一定基準の大学院修士課程レベルの学業を修了した人が、一定時間の実習と

実地指導を受け、認定試験合格後に認定される等、専門資格や教育制度が整備されている。

　英国アートセラピー協会のホームページにも、資格は医療専門協議会によって承認された修士レベルのトレーニングコースを修了することが法的要件で、大学院は2023年10月現在11校存在し、大学院入学の前提条件として「学部で芸術やデザインを学んできたこと」や「教師、ソーシャルワーカー、心理学者、および視覚芸術の実践に取り組んでいる他の専門家も考慮されること」等が明示されている。

　また、米国では、米国アートセラピー協会によって確立されたアートセラピストの教育基準は、教育プログラムの質の保証のために、連合健康教育プログラム認定委員会管轄のアートセラピー教育認定評議会によって管理されている。教育基準には「創造的なプロセス」「心理的発達」「集団療法」「アートセラピーのアセスメント」「精神診断学」「研究方法」「多文化コンピテンシー開発と文化的謙虚さ」等のトレーニングを含む大学院レベルのコースワークが必要で、最低100時間の実習のスーパーヴィジョンと600時間の臨床インターンシップにおけるアートセラピーのスーパーヴィジョンが求められる。理論学習では、心理学の基礎研究、発達心理学と異常心理学がカリキュラムに組まれ、表現のトレーニングでは、アートスタジオでドローイング、絵画、デジタルアート、粘土、彫刻等、さまざまなアート様式やプロセスに触れることが必須とされる等、アート制作が実践を内省させ、学習を促進するという見地からカリキュラムが構成されていることも特徴である。なお、大学院のプログラムは、以下のカリキュラムコンテンツ「精神病理学」「心理アセスメント」「人の成長と発達」「カウンセリング／心理学理論」「対人援助における人間関係」「研究」「プロフェッショナルオリエンテーション」「倫理的および法的問題」「多文化および社会的問題」「アートセラピーの歴史と理論」「アートセラピーにおける実践の材料と技法」「創造性の研究」「スタジオアート」「異なる治療環境にある人々へのアートセラピーの適用」「アートセラピーのアセスメント」「グループアートセラピー」「論文またはプロジェクトの総仕上げ」「実習およびインターンシップ」を反映させている。

②イスラエルにおける Creative Arts Therapy のスーパーヴィジョンのトレーニングコース

Creative Arts Therapy のスーパーヴィジョンのトレーニングコースがイスラエルのハイファ大学修士課程に2011年より設置されている（Gavron & Orkibi 2021）。「臨床的スーパーヴィジョンの主要なモデルと理論に慣れること」「芸術に基づいた手法をスーパーヴィジョンに使用する理論的根拠を把握すること」「これらの手法を臨床で実践する能力を磨くこと」に目的が置かれ、Creative Arts Therapy に基づいたスーパーヴィジョンを初心者のアートセラピストに26週間実施することが求められる。前期には、文献購読とディスカッションが行われ、芸術に基づいた介入の模倣を通じたスーパーヴィジョンの理論を学び、主に「スーパーヴィジョンのモデル」「アートセラピースーパーヴィジョンの倫理」「グループと個人のスーパーヴィジョンの構成要素」「文化に配慮したスーパーヴィジョン」「芸術に基づくスーパーヴィジョンの理論的根拠と実践」が取り上げられる。後期には、芸術に基づくスーパーヴィジョンの理論学習を継続しながらも、大学院生は"初心者のアートセラピストのスーパーヴィジョンに関連した人間関係と葛藤"を臨床素材として提示するよう求められる等、臨床芸術に基づいたスーパーヴィジョンの実践的なトレーニングが実施されている。

③諸外国のアートセラピーにおけるスーパーヴィジョンの研究

アートセラピーにおけるスーパーヴィジョンの海外の先行研究を概観する。文献検索サイト Web of Science にて、2023年10月に "art therapy" "supervision" をタイトルのキーワードで検索した結果、1900〜2023年で該当したのは11件のみであった。たとえば次のような研究がある。

Marion ら（1979）は、アートセラピーのインターン生が研修現場にいるスーパーヴァイザーからどのような指導を受けることが効果的であるのか、スーパーヴァイザー、インターン生、クライエントのやり取りから検討した。その結果、スーパーヴァイザーの存在に脅かされず、成熟と外交を仲介してくれるようなスーパーヴァイザーの実践的な関わりの介入がロールモデルとなりインターン生の認識とスキルを向上させた。加えて、アートセラピーの設定や活動、クライエントグループは多様で、表現の目的が多岐にわたるた

め、優れたスーパーヴァイザーになるためには、さまざまな状況判断力と、評価者、参加者、メンター、セラピスト、観察者、教師、生徒等、柔軟な役割を取る状況適応力が求められると言及している。

さらに、Gavron ら（2021）は先述したハイファ大学修士課程の Creative Arts Therapy を基盤としたスーパーヴィジョンのトレーニングコースの教育が修了生と現役生に与えた影響について、効果研究を実施している。量的研究の結果では、現役生は自身のスーパーヴァイザーとしての実践に創造的な技法をスムーズに使用できるようになり、修了生も現役生も本コースでの学びはアートセラピストとしての職業アイデンティティに貢献したと認識していた。そして、スーパーヴィジョンにおける Creative Arts Therapy の手法は、「臨床プロセス」「治療とスーパーヴァイザーの関係」「職業アイデンティティの強化」に役立つことが示唆された。

このように、英国や米国のように資格と教育制度が整備され、専門性の高いアートセラピーが実施されていることに比して、アートセラピーのスーパーヴィジョンの研究は極めて乏しい状況であったことから、アートセラピーの実践から教育のニーズが生まれ、徐々に教育制度や認定資格が整備されたが、世界的にもアートセラピーの教育やスーパーヴィジョンの研究は今後の課題であるといえよう。また、「スーパーヴィジョンでアート制作等の芸術的アプローチ」を用いたり、「グループに精通していること」や「さまざまな状況判断力」と「柔軟な役割を取る状況適応力」等が求められることは、他学派にはないアートセラピーの教育とスーパーヴィジョンの独自性であろう。

(2)日本の芸術療法における教育とスーパーヴィジョンの課題
——日本芸術療法学会の教育制度と学会認定資格制度にみる
スーパーヴィジョン

日本では、芸術療法における国や学会レベルの体系的な教育・研修システムは存在していない。第1節（2）の「日本の芸術療法の特徴・課題・展望」で述べたように、わが国では、定式化された単一様式・単独技法の実施が多いため、単一技法の研修会が個々に開催され、スーパーヴィジョンでは、

描画療法として実施された描画が絵画分析として扱われている状況である。

　芸術療法の発展のためには、学会が要であり、日本の芸術療法における教育やスーパーヴィジョン制度を整えることが肝要であるため、以下に日本芸術療法学会の教育制度の現状と課題を概観したい。

　日本芸術療法学会の教育制度としては、学会主催の研修「芸術療法研修セミナー」が、プライマリーコースとアドバンスドコースの各コースが年に一度２日間、実施されているのみである。スーパーヴィジョンに関しては制度がない。

　また、日本芸術療法学会認定資格である芸術療法士という資格制度があり、2022年度までは、以下の八つの認定条件が定められていた。「１．申請時点で、３年以上継続して日本芸術療法学会の正会員であること」「２．学会が附則⁽²⁾に示す、大学などを終了したもの」「３．芸術療法の臨床経験を３年以上有すること」「４．日本芸術療法学会主催の研修（芸術療法セミナー）、プライマリーコース、アドバンストコース各１回以上受講していること」「５．芸術療法もしくは表現病理に関する学会発表２回以上。少なくともそのうち１回は、本学会で本人自身が筆頭演者として発表していること。もしくはこれに準ずる発表」「６．芸術療法に関する論文あるいは著書が２編以上（共著も可とする）あること」「７．芸術療法のスーパーヴァイズを受けた経験を48時間以上有すること（当分の間、10年以上の正会員の経験を持ち学会が認定するスーパーバイザーの証明を必要とする）もしくはこれに準ずる研修」「８．認定審査委員会が以上に準ずるかもしくはそれ以上の経験と能力があると認めた場合」。しかしながら、2023年度より、５の学会発表と、６の芸術療法に関する論文・著書は、資格取得後の条件となり、７の芸術療法のスーパーヴァイズは不要となる等、条件が大幅に引き下げられた。これは、学会発表と論文投稿が少ない現状や「10年間で約100名の芸術療法士の認定では条件が厳しすぎる」と条件が見直された結果であるという。

　このように、日本の芸術療法の教育やスーパーヴィジョン制度は充分に整備されておらず、課題が山積している。しかし、コロナ禍以降に再開された2021年の芸術療法学会の Web 講演会や2022年の第53回日本芸術療法学会で「芸術療法の教育制度」が取り上げられ、海外で学んだアートセラピストら

の発表を受け、学会の在り方やスーパーヴィジョン制度を整える必要性が問題提起され始めている。2023年の第54回日本芸術療法学会学術大会2日目のシンポジウム「これからの芸術療法学会」で、筆者はシンポジストとして登壇する機会を得た。依頼は「教育分析やスーパーヴィジョン、アートセラピーのトレーニングの経験、京都大学大学院教育学研究科臨床教育学専攻博士後期課程臨床実践指導学講座で心理臨床スーパーヴィジョン学を学んだ経験[3]を基に、学会へ提言して欲しい」という内容であったため、筆者は自身の芸術療法家としての育ちの体験から問題提起を試みた。第3節では芸術療法家の教育訓練における提言を中心に示す。

第3節　芸術療法の実践とスーパーヴァイザーの養成に必要な　　教育訓練の要素

　筆者は、米国の Creative Arts Therapy の大学院修士課程を修了したアートセラピストの先生との出会いをきっかけに、視覚芸術を軸としたアートセラピーのトレーニングを積み、医療・教育・福祉の現場で臨床心理士としてアートセラピーを実践してきた。また、トレーニングに加え日本芸術療法学会認定芸術療法士によるスーパーヴィジョンや、京都大学大学院で心理臨床スーパーヴィジョン学を学んだ経験の検討を重ね（新居 2015；2023）、図1-1「芸術療法の実践とスーパーヴァイザーの養成に必要な教育訓練の要素」を作成した。本図では、内側から外側へ向かうほど、個人の教育訓練から社会的な教育訓練になる。以下に、連続性をもった8段階の過程における各層のアウトラインを概説する。

(1)教育研修（理論学習）
①臨床心理学的支援の基礎理論・基本的態度・倫理
　まず初めに、基礎心理学や応用心理学、なかでも臨床心理学的支援の基礎理論や基本的態度、倫理等の「教育研修」はセラピーとして実施する以上、必須であろう。

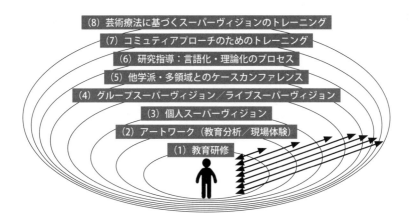

（8）芸術療法に基づくスーパーヴィジョンのトレーニング
（7）コミュティアプローチのためのトレーニング
（6）研究指導：言語化・理論化のプロセス
（5）他学派・多領域とのケースカンファレンス
（4）グループスーパーヴィジョン／ライブスーパーヴィジョン
（3）個人スーパーヴィジョン
（2）アートワーク（教育分析／現場体験）
（1）教育研修

図1-1　芸術療法の実践とスーパーヴァイザーの養成に必要な教育訓練の要素

②アートセラピーや芸術療法の基礎理論・基本的態度・倫理

さらに、アートセラピーや芸術療法の基礎理論や基本的態度、倫理等の専門性に特化した理論学習が行える「教育研修」も必要である。

(2)アートワーク（教育分析／現場体験）

「アートワーク」とは、芸術療法家自身の心理療法体験、つまりアート表現を介した教育分析のことである。広義には、トレーニーやスーパーヴァイジーが、芸術療法家であるトレーナーやスーパーヴァイザーと出会うこと、もしくは芸術療法家の「臨床現場」に触れる体験も含まれる。

①教育分析：心理療法体験／象徴の体験的理解

芸術療法家自身の身体性や芸術療法を用いたアートワークはクライエントの身体性や表現、イメージ、象徴（シンボル）の体験的理解につながる（新居2015）。また、芸術療法家の身体性や表現を用いたアートワークにて、クライエントの身体性や表現を調整したり、深い水準でクライエントのセラピーをワークスルーすることが可能になる（新居 2018）。また、アート素材や道具、技法等の「実践スキルトレーニング」として、理論的・実践的知識の習得に繋がることもアートワークの意義である。

②現場体験：芸術療法家と出会い、芸術療法家の臨床現場に触れる体験

アートワークには、トレーニーやスーパーヴァイジーが、芸術療法家であ

るトレーナーやスーパーヴァイザーと出会い、芸術療法家の「臨床現場」に触れるという体験が含まれると先述した。ここでは筆者の当時のスーパーヴィジョン体験の記録（事例）を一部紹介し「芸術療法家の臨床現場に触れる体験の意義」について考察を試みる。なお、スーパーヴァイザーは芸術療法を実施している精神科病院に勤務していたため、ここでいう「臨床現場」とは精神科病院を指している。

[**事例**] 初めての病院訪問——「出会い」

病院設立までのスーパーヴァイザーの想い

スーパーヴァイザーからいただいていた病院紀要の創刊号を道中に読む。スーパーヴァイザーがどのような想いで故郷に戻られてどのような想いで病院を創っていく決意をされたのかが一瞬のうちに伝わってくる創立記念誌で、スーパーヴァイザーの「自分の来し方行く末をふるさと土の中から見つめ直してみたい」という言葉がこころに響いた。

臨床現場・治療環境に触れる

病院が山の上に建っているのが見えた。坂を上っていくと、緑が生い茂っている庭や畑、多肉性植物が見えてくる。病院の正門を通り過ぎると、小高い地から下が見え、椅子やテーブルが置かれている空間がある。薬草園の看板が見え、その奥には広い敷地が広がっていることも想像できた。奥の建物の駐車場側から病院へ回ってみるとベンチが置かれていたり、猫がくつろぎ人に慣れている様子から、居心地が良い環境であることが考えられた。病院のエアースペースのように所々に場が広がり、日陰があり、木漏れ日が差し込んでいる。そして、どこからともなく歌声が聞こえてくる。病院の中に入ると、ロビーにはふんだんに植物が置かれ、絵等も飾られていた。

ふと壁を見ると、患者さんの描いた絵画作品が何点か展示されている。作品は額に入れられており、どの作品もカラフルな色で楽しく丁寧にのびのびと描かれている。また「表現すること」についての文章が書かれた小さなボードも壁に掛けられている。闇雲に表現を促進するのではなく、なぜ、この病院の場で表現を支えようとしているのかの意図がきちんと提示されている

印象を持ち、自身が行ってきた「表現の支援との差」や「他の展開の仕方がある可能性」について頭をよぎった。

　ロビーの片隅にはピアノが置かれていたが、そのピアノで演奏会や合唱等も行っているとのことであった。

　面接室でスーパーヴァイザーに改めて挨拶をし、ロビーに飾ってあった患者さんの絵を見て、自分はあのような絵を患者さんに描かせてあげられていないと感じたこと、あのような絵を描かせてあげられる人は造詣が深い人であろうと感じたこと等をスーパーヴァイザーに伝えると「あなたは外来での関わりだからね。本当は患者さんの絵を飾るのは嫌だったんだけど、患者さんが自分たちの絵を飾れと言ってきたから、月ごとにギャラリーみたいにして飾っているの」とお話しくださった。

　この後、病院の絵画療法の「三つの柱（指針）」について説明を受けたり、スーパーヴァイジーが持参したクライエントの絵画作品を中心とした事例検討を実施した。

絵画のスーパーヴィジョン──クライエントの道

　前々回のセッションでＡさんは、海から岸辺を見た道が途中で切れている「自由画」を描いたが、前回の「回し絵」[(4)]で「黒いヨット」が出現したことでスーパーヴァイジーが気になったこと等を話す。「一枚目の絵の道が途中で切れているから、次回は道の続きを促してみては？　僕だったら『この前描いた道の続きを見たいんだけど、描いてみない？』ということをよく言うよ」と具体的な言葉かけの例を挙げてくださる。また、スーパーヴァイザーの「道は、山と山の間で道になっていけば、現実的な世界を通って歩いていけるんだよ」という言葉を聴き、スーパーヴァイジーは「クライエントが未来に歩いていく風景」が大切になってくると感じた。

　さらに、スーパーヴァイザーの病院では「音楽」「園芸」「絵画」等、さまざまなバリエーションを加え、多技法を用いていること、患者さんにデジカメを持たせて病院の敷地の森を散策してもらうだけで快復していった不登校のケースのお話も伺う。スーパーヴァイジーが勤務する精神科・心療内科クリニックのうつ病等の復職支援（リワーク）プログラムでは認知行動療法等、

知性化を促進させるものが多く、アートセラピーと拮抗してしまう印象があ
ることを伝えると、同じ時期であっても、場を「アトリエ」等のようにコー
ナーをきちんと設けることで、多義的ではあるが、それぞれのプログラムを
連動して行えると伺い、場作りへの工夫の余地があるのかもしれないと思え
た。

庭──途絶えた道の先に広がる風景

　帰りに老人病棟の前でタクシーを待っている時に、スーパーヴァイザーが
正面を指さして、何気なくそちらを見たときに思わず歓声を上げてしまった。
正面玄関を出た先の眼下に広がる緑の景色は、先ほど検討していたＡさんの
道の絵の続きがそこに広がっていた。スーパーヴァイザーは「老人が一日太
陽や月を追っていけるように、東から西への動きがここからは一日見られる
んだよ」と教えてくれた。正面に続いていくように見えるその道は、風が吹
いていた。そして、スーパーヴァイザーは「認知行動療法とは、本当はこう
いう体験を患者さんができることを言うんだよ」と話された。スーパーヴァ
イジーは「認知症のご老人や精神を病んだ患者さんが途絶えた道の先の風景
をこの庭の中に続く道の先に見て、歩いていけたら、病は希望の中に融合さ
れて、溶けていくのではないだろうか。風に吹かれながら未来への歩みを踏
み出せるのではないだろうか」と感じた。スーパーヴァイジーにとっても忘
れられない風景に居合わせた体験となった。

　タクシーが来て、その森の道に沿い一周ぐるっと回ると、こちら側から見
ていた"あちらに続く道側、あちら側にある外の世界"にすぐに出た。それ
も不思議な体験だった。

スーパーヴァイジーの日常風景──庭師の仕事・花が咲くまで待つということ

　数か月前に民家の軒先販売でスノードロップという花の鉢植えを購入して
いたが、スーパーヴァイザーの病院訪問後、そこの庭師（家主）と初めて話
す。庭師は「スノードロップは10年かけて育てた。花は６年ごとに咲き、終
わった種を取り、鉢の脇に飛ばないように置いてあげると、自然に土の中に
潜り３年後に咲く。この土地に残ったものを庭で育てているうちに育て方を

独自に覚えていった。必要ならここにきて学べばいい」と話してくれた。

　スーパーヴァイザーの病院訪問により勇気の種をポッと胸に投げ込まれ、自身の個性を大事にしながら、もっと自由にのびのびとやってもいいのだと思った。また、10年かけて種から花を咲かせた庭師からも「花が咲くまでの年月を待つ」ことを学んだ。芸術療法家として理論的・実践的にもクライエントの表現を深く読み解いていける土壌を肥やしていきたいと思った。

　当時を振り返って——「芸術療法家の臨床現場に触れる体験」の意義

　当時の記録を基に「芸術療法家の臨床現場に触れる体験」を改めて振り返ってみる。スーパーヴィジョンが目的の病院訪問であったが、病院に到着するまでの道中に始まり、病院の敷地や院内における体験、面接室を出てから病院の敷地を出るまでの体験、日常生活場面の体験に至るまで、「芸術療法家の臨床現場に触れる体験」は、広範囲にわたりスーパーヴァイジーの内的体験に影響を及ぼしている。本事例では、スーパーヴァイジーがＡさんの絵画のスーパーヴィジョンの中で「道」について検討しているが、面接室を出てタクシーを待っている際に、スーパーヴァイザーと共に眺めた風景から、Ａさんの描いた「途絶えた道」の先に広がる心象風景をそこに見て、病からの治癒のイメージを持つに至っている。このように芸術療法の初学者が、芸術療法家の臨床現場に招かれ、実際に治療環境に触れる体験そのものが、クライエントが治療環境に触れる体験と重なり、芸術療法の実践に向けてさまざまな可能性を模索し視野を広げたりと、治療環境の創造に役立つといえた。これらのことから、皆藤ら（2014）の提唱する"スーパーヴィジョンにおける臨床性"と同様に「芸術療法家の臨床現場に触れる体験にも"臨床性"が存在し、芸術療法家の養成に必要な要素である」といえよう。

(3)個人スーパーヴィジョン

　「個人スーパーヴィジョン」の意義は、スーパーヴァイザーに抱えられスーパーヴァイジー自身の内的世界が安定することでケースや治療環境（芸術療法の場）が安定することである。個人スーパーヴィジョンにおけるスーパーヴァイザーとスーパーヴァイジーの関係性は、セラピストとクライエント

の関係性ならびに個人臨床に大きな影響を与えるので、ケース同様そこで起こりえる全ての出来事をセンシティブに受け止め意味を考え慎重に進めていく必要がある。

　芸術療法に基づく個人スーパーヴィジョンの独自性とは、上の事例で紹介した通り、事例検討ならびにスーパーヴァイザーとスーパーヴァイジーの間にアート作品が介在することであろう。また、題材として、ケースマネジメントや芸術療法グループや職場環境等制度上の問題の他、Case & Dalley (1992) が述べているように、スタッフの信頼関係や芸術療法家の全般的な活動生活に関することが持ち込まれることもあり、とくに個人スーパーヴィジョンの場合は困難な逆転移の問題がわかりやすく取り扱われ、深い理解により早く到達することも特徴に挙げられよう。

(4)グループスーパーヴィジョン／ライブスーパーヴィジョン

　「グループスーパーヴィジョン」はグループでケースのスーパーヴィジョンを行うことであり、「ライブスーパーヴィジョン」はグループ内でスーパーヴァイジーとスーパーヴァイザーがケースのスーパーヴィジョンを実施しフロアが外側からその様子を見てディスカッションに参加することである。

　グループ様式での芸術療法に基づくスーパーヴィジョンの特徴はやはりアート作品が介在し、フロアと共にクライエントの身体性や表現に基づくイメージや象徴（シンボル）を共有し複数の視点から視野を広げられることである。また、Case & Dalley (1992) は、「グループスーパーヴィジョンのメリット」に、権威主義の回避、時間やお金の節約等を挙げ、「メンバーを向上させる良い仲間関係のグループの条件」に、経験や理解が似通った段階で進んでいることが深い理解への満足度に繋がると示唆したが、ある程度の臨床経験や個人スーパーヴィジョンを経てのグループへの参加が望ましいだろう。

(5)他学派・多領域とのケースカンファレンス

　「他学派・多領域とのケースカンファレンス」は芸術療法によるアプローチ自体を外側から俯瞰することに繋がり、芸術療法の限界や独自性を再発見できる。また、他学派・多領域の視座は、その時々のクライエントに必要な

学派のアプローチのエッセンスを臨床心理面接ならびに芸術療法に活かす等支援の幅を広げたり、「○○療法の△△学派のアプローチの有効性」ではなく、「このクライエントにとって必要な会い方の有効性」を検討する等、よりクライエントの個別性に着目した支援方法を多角的に検討することに貢献できる（新居 2023）。

(6)研究指導──言語化・理論化のプロセス

「研究指導」は、言語化・理論化のプロセスを経て発信していくことに帰結する。身体言語（非言語）を扱う芸術療法家にとって、アート作品やそこで起きていること・クライエントが辿った非言語表現における過程の意味等、自らの心身に生じるイメージを言葉に紡いでいくその営みには苦しみが伴う。言葉にした途端、異なるイメージに変換され、この言葉はそぐわないと言葉を選び直すことも多々生じ得る。しかし、芸術療法家がクライエントやその家族、多職種・多領域へ説明責任を果たす際や専門資質の向上のための臨床実践の振り返り、調査・研究等、言語化・理論化のプロセスは必須となる。そのため、「芸術療法の実践」と「スーパーヴァイザーの養成」の教育訓練には研究指導は重要な要素となる。

(7)コミュニティアプローチのためのトレーニング

アートセラピーや芸術療法を用いた「アウトリーチ」「コンサルテーション」「サポート・ネットワーキング」「危機介入」「予防と心理教育」等、「コミュニティアプローチのためのトレーニング」も地域支援の具現化につながる。たとえば、韓国の林ら（2023）は、独居生活を送る高齢者に対して16回の訪問型アートセラピーセッションを行った結果、初期は深い憂鬱感と孤独感、無気力で、受動的な姿勢で否定的な言葉を多く使用していたが、中期以降に回復していった事例を報告している。日本ではまだ訪問型の芸術療法の実践事例は見受けられないが、高齢者の増加や肢体不自由等の困難さを抱えるクライエントに対してアウトリーチ型の芸術療法を用いた支援の展開は今後期待でき、このような芸術療法を生かしたコミュニティアプローチのトレーニング方法の開発も求められるだろう。

(8)芸術療法に基づくスーパーヴィジョンのトレーニング

ここまで示してきた（1）〜（7）の過程は「芸術療法の実践」に必要な教育訓練の要素であるが、同時に「スーパーヴァイザーの養成」に必要な教育訓練の基盤でもある。（7）までの過程を踏まえて、改めて「芸術療法に基づくスーパーヴァイザー養成のためのトレーニング」が実施できる段階に入る。この過程では京都大学大学院教育学研究科臨床教育学専攻博士後期課程臨床実践指導学講座の「スーパーヴィジョンのトレーニング」や、先に紹介したイスラエルで実施されている「Creative Arts Therapy のスーパーヴィジョンのトレーニング」等が該当する。芸術療法に基づくスーパーヴァイザー養成の効果的なトレーニングプログラムの検討・開発は今後の課題である。

（1）〜（8）の教育訓練とスーパーヴィジョンの詳細は、後続研究にて検討したい。

第4節　総括——日本の芸術療法における教育とスーパーヴィジョンの展望

本稿では、海外と日本の芸術療法における基本的なアプローチ方法の違いや教育ならびにスーパーヴィジョン制度を概観し、日本の芸術療法の発展には芸術療法家の養成が必須であり、まずは学会レベルで認定資格や教育訓練制度を整えることが喫緊の課題であると論じた。以下に展望を述べる。

①日本芸術療法学会認定芸術療法士の資格認定基準の検討

まずは日本芸術療法学会認定資格「芸術療法士」を一定水準の資格として担保できるように認定基準の検討が必要である。とくに2023年度より認定基準から外された「学会発表」「論文・著書」「スーパーヴィジョン」は最優先の検討事項であろう。「芸術療法士」の質が担保され、高度の専門的能力を有する芸術療法家が養成され社会に還元されていった先に、国家資格や国家資格に準ずる資格の制定へと可能性が拡がっていくのではないか。

②継続的・体系的に芸術療法が学べる教育研修制度の充実

　学会は、芸術療法を継続的・体系的に学べる研修やグループスーパーヴィジョンの場を提供し補償する等、教育研修制度を充実させる必要がある。第3節で提示した八つの要素を含ませた規定時間の研修が「芸術療法士」の資格取得条件のひとつとして組み込まれていくと良いだろう。

[註]
（1）本稿では、日本国内でアートセラピーや芸術療法を実施している人と定義し、表記している。
（2）日本芸術療法学会が認定条件とする大学等とは以下の通りである。「医療系大学あるいは学部等」「心理系大学あるいは人文科学系大学、学部、学科等」「美術系大学あるいは学部、学科等」「音楽系大学あるいは学部、学科等」「リハビリテーション系大学あるいは学部、学科等」「看護系大学あるいは学部、学科等」「教育系大学あるいは学部、学科等」「福祉系大学あるいは学部、学科等」「その他これに準ずると診査委員会が認める機関」（日本芸術療法学会認定芸術療法士制度の規約及び申請書2012年1月28日改訂版より）。
（3）本講座は2004年に日本で初めて設置された講座で、「臨床心理士資格取得後、5年以上の経験を有する者が対象」である。「臨床心理士としての臨床実践」と「臨床実践指導体験」を基に、体験にもとづく討議とその討議を踏まえた理論化を目的とする。そこでは、受講者が「ライブスーパーヴィジョン」を実施したり、「スーパーヴァイジー体験」や「スーパーヴァイザー体験」等の「スーパーヴィジョンをめぐる事例検討」が行われ、臨床実践指導者として「心理臨床家の養成には何が必要であるのか、教育の在りようについて主体的に考えること」が求められる。
（4）グループ内で短時間で回し、好きなものを描き加えていく技法。

[文　献]
American Art Therapy Association（AATA）（https://arttherapy.org/becoming-art-therapist/）［2023年9月26日閲覧］
安齊順子（2013）「日本における芸術療法前史」川田都樹子・西欣也編『アートセラピー再考—芸術学と臨床の現場から』74-90頁、平凡社。
新居みちる（2015）「芸術療法の教育とスーパーヴィジョンの意味—スーパーヴィジョンを通した"心理的プロセス"と"表現をサポートする機能"の考察」『心理臨床スーパーヴィジョン学（京都大学大学院教育学研究科臨床実践指導学講座紀要）』創刊号、

34-48頁。

新居みちる（2018）「うつ病者の回復過程に関する心理臨床学的研究―集団芸術療法の視点から」京都大学博士論文。

新居みちる（2021）「芸術療法の適応・効果とその限界―うつ病者に芸術療法を実施する際のアセスメントの観点から」『精神科』38巻 1 号、66-73頁。

新居みちる（2023）「芸術療法の教育とスーパーヴィジョン―他学派・多領域との交流から生まれるもの」第54回日本芸術療法学会大会シンポジウム 2 「これからの芸術療法学会」東洋大学、2023年 9 月 3 日。

British Association of art therapists（BAAT）(https://baat.org/art-therapy/how-to-become-an-art-therapist/)〔2023年 9 月26日閲覧〕

Case, C. & Dalley, T., 1992, *The handbook of art therapy.* Routledge.（岡昌之監訳〔1997〕『芸術療法ハンドブック』212-222頁、誠信書房）

Gavron, T. & Orkibi, H., 2021, Arts-based supervision training for creative arts therapists: perceptions and implications. *Arts Psychother* 75(1): 101838.

皆藤章編（2014）『心理臨床実践におけるスーパーヴィジョン―スーパーヴィジョン学の構築』日本評論社。

加藤敏（2001）「病跡学の今日」『精神医学』43巻 2 号、118-127頁。

李根梅（2023）「韓国の芸術治療の現状と展望（第54回日本芸術療法学会大会特別講演 2 ）」『第54回日本芸術療法学会プログラム・抄録集』15頁。

林眞玉・李根梅（2023）「独居老人に対する美術治療の単一事例研究（第54回日本芸術療法学会大会特別講演 2 ）」『第54回日本芸術療法学会プログラム・抄録集』37頁。

Marion, P. & Felix, M., 1979, The relationship of art therapy interns and supervisors. *Art Psychotherapy* 6(1): 37-40.

Mills, A. & Goodwin, R., 1991, An informal survey of assessment use in child art therapy. *Journal of the American Art Therapy Association* 8(2): 10-13.

宮田裕子（2022）「精神医療におけるノンバーバルの可能性―うつ病患者の入院事例とその心的イメージの変容」『第53回日本芸術療法学会プログラム・抄録集』44頁。

Naumbug, M., 1966, *Dynamically oriented art therapy: its principles and practices.* Grune & Stratton.（中井久夫監訳〔1995〕『力動志向的芸術療法』金剛出版）

日本芸術療法学会資格認定審査委員会事務局「日本芸術療法学会認定芸術療法士制度の規約及び申請書2011年度版（過渡的措置）」

関則雄（2016）『臨床アートセラピー―理論と実践』日本評論社、22頁。

第 **2** 章

身体性にかかわる心理療法と
スーパーヴィジョン

鍛冶美幸

はじめに

　「心のケア」の重要性がたびたび話題になる時代である。しかし臨床に携わるものとして、そこでケアの対象となるのは「心」ばかりではないという感覚がある。実践の場では表情や動作、語る言葉の声音やリズムといった身体次元で、多くのことが語られている。セラピストはそうした身体次元での交流を自らの身体を通して受け止めながら、心の動きを丁寧に掬い上げ、身体的な実感を伴った言葉が自然な語りのなかで産み落とされるよう身体性を活用していく必要があるのではないだろうか。本章では、精神力動的な視点から身体性を生かした心理療法であるダンス・セラピーの理論と技法を紹介しつつ、言語を介した通常の心理療法のスーパーヴィジョンにおける身体性について検討したい。

第1節　身体性にかかわる心理臨床とスーパーヴィジョン

　現代臨床心理学の礎となる精神分析の祖 Freud が提示した欲動論では、身体に根差した生理的基盤を持つリビドー（Libido）を仮定し、人格理論や技法論が展開している（Freud 1905a/2009）。Jung もまた、自我をソーマ（体）とプシュケー（心）の複合として捉えている（Jung 1951/1980）。すなわち、臨床理論はデカルト以来の心身二元論を離れ、両者を統合的に捉える視点が重視されるなかで発展してきたのである。こうした精神と身体の不可分性に注目した視点は、本邦の心理臨床実践にも生きている。たとえばユング心理学の立場からは河合（1992/2009）が禅に由来する「心身一如」をあげ、言語を用いる心理療法も「身体」と深くかかわっているとして、「心も身体も一つの全体として動いている」（河合 2010/2018）と述べている。北山（1998）は精神分析の立場から、心と体とに二分されたカテゴリィを超えて作業し、それを統合する意義について論じている。さらに皆藤（2014）は現代における心理臨床学とその実践について論じるなかで、心理臨床学が「心」と「身体」を統合する視点から「全体性を生きる人間存在」を対象としていく必要があると述べている。すなわち、心理療法を実践する際には、クライエントの持ち込む身体性のさまざまな局面を視野に入れながら進める必要があると言えよう。そして臨床実践と輻輳するスーパーヴィジョンにおいても同様に、心身を不可分のものとして捉える視座が求められるのは自明のことである。スーパーヴィジョンは単なる技能の教授や支援を超えて、スーパーヴァイザーがスーパーヴァイジーに臨床家として「自ら育ちゆく道筋を教える」（高橋 2014）深い人間理解と臨床観の醸成につながる場である。スーパーヴィジョンがこのような育ちの場として機能するためには、スーパーヴァイザーとスーパーヴァイジーそれぞれが心と身体をもった「全体性を生きる人間存在」として関与し、事例を挟んだ三者の関係性のなかで自由に連想を働かせ交流する、生産的で発見的な空間となることが求められよう。

第2節　身体を活用した心理療法的アプローチ

　身体動作や身体感覚を活用する心理療法的アプローチとしては、人間性心理学を背景としたGendlinによるフォーカシングやユング派のアクティブイマジネーション、本邦で開発された臨床動作法などがある。さらに、ダンスの芸術性や全身的な動作を生かしつつ、セラピスト－クライエント関係にも注目しながら力動的な視点から身体を活用する心理療法として、ダンス・セラピー（Dance Therapy）がある。

　精神分析家Bollas（1987）は、「すべての人間関係で同様に、われわれは人に対する感覚を身体的に記録するのである。彼らの影響をわれわれは心身で『運び』、これが身体的知識を構成するが、これもまた思考されないのである。このタイプの知識について精神分析が多くのことを学べるのは、踊り手が未思考の身体的知識を通じて表現しているモダンダンスからだろうと、筆者は確信している」と述べ、ダンスの持つ特別な効果を認めている。

　本章で紹介するダンス・セラピーはダンスや身体動作を用いた心理療法である。すなわち本法は、臨床場面で言語的交流と同期して生じている身体次元での交流を繊細に捉え、力動的に活用する点において、優れた技法と考えられる。Bollasの言葉を借りるとすれば、ダンス・セラピストは、クライエントの身体に記録された未思考の感覚を自らの身体で抱える。そして、自らの身体を通してその意味を探索し、構造化された動作やイメージを通して象徴化された思考可能なものとしてクライエントに戻していくのである。

　日本の心理臨床の現況において、本法の実践者はそれほど多くない。しかし言語的なコミュニケーションを主とした通常の心理療法（ここではこれを言語的心理療法とする）やその他の心理支援の場においても、身体や非言語的コミュニケーションを視野に入れることは必須とされている。ダンス・セラピーの訓練と実践は、そうした心理臨床的取り組みに役立つものである。そこで本章では、ダンス・セラピーの訓練とスーパーヴィジョンを紹介し、次いでそうした訓練が言語的心理療法のスーパーヴィジョンにおいてどのように

貢献するのかも併せて論じたい。両者はそれぞれ言語と身体を主な交流の媒体としているが、それらは相補的であると同時に相乗的に作用し、臨床性を高めていくものと考えられる。

第3節　ダンス・セラピーの紹介

　ダンスや身体動作を介した心理療法であるダンス・セラピーは、踊りの持つ心理身体的な効果を活用し、1940年代にアメリカで開発された非言語的心理療法である。ただし、ダンスと呼ぶにはあまりに単純で日常的な身体動作も重要な表現として注目されるため、ムーヴメントという語を加えて称されることも多い。その誕生から現在まで、本法の研究や訓練に関して中心的な役割を担ってきたアメリカ・ダンス・セラピー協会（American Dance Therapy Association：ADTA）では、これを「個人の感情的、社会的、認知的、身体的統合を促進するため、動作を心理療法的に用いるもの」（www.adta.org 2022年6月19日取得、筆者訳）と定義し、「ダンス／ムーブメント・セラピー（Dance/Movement Therapy：DMT）」と呼んでいる。またその心理療法的側面を強調し、英国ではDance Movement Psychotherapyとされている。本章においては、おそらく日本で最もなじみのある呼称である「ダンス・セラピー」を用いることとする。

　本法は舞踊家兼振付家、ダンス教師として活動していたMarian Chaseが、1942年にワシントンD.C.のセント・エリザベス病院で開始した、長期入院の精神病患者へのダンスを使った集団療法がその始まりとされている。その後本法はアメリカを中心に各地で実践され、ダンスの理論と技法に精神分析や分析心理学、アドラー心理学、人間性心理学や発達心理学の知見を取り入れながら発展していった（Levy 2005）。

　上述の理論のほかに、欧州で活動した舞踊家であり舞踊理論家でもあったRudolf von Labanによるラバン動作分析法（Laban Movement Analysis）は、本法に体系的な動作理解の視点をもたらした。さらに近年は、ミラー・ニューロン（mirror neuron）をはじめとした神経心理学的な発見が、動作模倣に

基づく非言語的な交流と共感性の関連を示唆している。それらは、共感的な動作交流を技法上の基盤とするダンス・セラピーの治療的意義を裏づけるものと考えられている（Berrol 2016）。

　こうした理論と技法の進展を受け、現在ダンス・セラピーは、アメリカのみならずヨーロッパや南米の国々、カナダ、イスラエル、オーストラリア、日本を含むアジアの国々で実践されている（Appel 2005）。

第4節　ダンス・セラピーの実践

　ダンス・セラピーには多様な理論や技法があるが、ここでは最もベーシックな Chase 派の立場から論じる。

　本法の主な目的としては、①身体的統合、②適切な感情表現・感情体験、③自己の行動への洞察、④社会的相互作用の四点が挙げられている（Schmais & White 1986）。本法ではセラピストが対象者の自発的な身体表現に自らの身体を共感的に調律させながら、即興的なダンスや動作を創造し、身体の動きを通してその心理的意味を探索していく。

　そのため実施においては対象者の心身の機能レベルに応じた柔軟な進め方が可能であり、具体的な治療ゴールの設定も対象者のニーズや心理的課題に応じさまざまである。動作は意図的な制御が難しいうえ、言語化することに抵抗のある情緒も身体次元で探索されるため、心理的防衛の強い対象者にも有効である。また言語的な交流が困難なケースでも治療的な関わりを成立させることが可能である。

　本法は、個人療法でも集団療法でも実施可能であり、日本では精神科医療における実践報告や、認知症を対象とした実践報告、教育領域での不登校児に対する実践報告、ターミナル・ケアの場での実践報告等がある。また、健常者の精神衛生や予防的な介入、対人援助職に従事する専門家の訓練においても用いられている（鍛治 2022）。

主要技法

　動作の振り付け：ダンス・セラピーではあらかじめ決まった振り付けが用意されているわけではない。セラピストが参加者の自発的な動作表現の健康的な部分を掬い上げ、即興的に振り付けを行う。セラピストは参加者の身体の動きを自らの身体に鏡のように映し取るミラーリング（mirroring）を通して身体次元で共感する。そしてその動作を他者と共有可能なものへと構造化し、振り付けとして提示しながら、心理的意味を探索していく。乳児の自己感の発達における養育者の非言語次元での鏡映的な応答の意義が、情動調律という概念を通して論じられている（Stern 1985）。ダンス・セラピーにおけるミラーリングも、この情動調律と同様の起源を持つものと考えられている（鍛冶 2013）。

　イメージの活用：セラピストは動作の象徴的意味を探索するため、今ここでの参加者の様子を捉えてイメージを言語化して投げかける。たとえば足踏みひとつとっても、岩場を歩くような緊張感を伴うものもあれば、野原を散歩するような軽やかなものもある。イメージと共に動き象徴的な意味を探索することで、個々の身体に記録されている体験に触れることが可能となる。

　言語的介入：セラピストは参加者が動作を通して心的内界を探索できるよう、動作に合ったイメージや解釈の言語化を行い、治療的変化を促す。

第5節　ダンス・セラピーの訓練とスーパーヴィジョン

　表2-1は、アメリカ・ダンス・セラピー協会の示す大学院修士課程の標準的なカリキュラムである。指導内容はダンス・セラピーの理論や技法にとどまらず、心理療法一般に求められる知識や、運動療法に必要な諸理論、社会文化的な知識など多岐にわたる。またアメリカ・ダンス・セラピー協会では、スーパーヴィジョンを必須としている。Payne（2008）は背景となる心理療法的な理論の相違を考慮したうえで、ダンス・セラピーにおけるスーパーヴィジョンについてまとめている。そのなかでスーパーヴァイザーの達成目標として挙げたものを筆者がまとめ以下に紹介する。

表2-1 アメリカ・ダンス・セラピー協会が標準とする、
DMT の修士課程における教育内容

1	ダンス／ムーヴメント・セラピー理論
2	生理学的、心理的、社会文化的要因間の相互関係と、それらが人間の成長、発達、行動に及ぼす影響
3	言語的および非言語的行動の発達的、多文化的、表現的およびコミュニケーション的側面に関する知識
4	観察、分析、評価の方法
5	グループプロセスの知識を含む、心理社会的および文化的背景における個人、家族、およびグループに関する理論的情報と実践的応用
6	ダンス／ムーヴメントと関連する心理学理論の臨床応用
7	人体解剖学と運動学
8	ダンス／ムーヴメント・セラピーと人間行動の研究
9	精神病理学の知識と診断スキル
10	ダンス／ムーヴメント・セラピーの理論と実践に関連する神経科学の基礎知識
11	学生のスキルを向上させたり、心身の健康や人間行動に関する知識を深めたりする分野の選択的な内容や追加学習

①スーパーヴァイジーが、守秘性が守られた環境のなかで、探求と専門的／個人的な成長や、クライエントへの支援全般において、安心感を感じられるようにすること。

②スーパーヴァイジーが、とくに訓練生に対して、クライエントとの活動資料を振り返るなかで生じる避けがたい不安や失敗への恐れ、葛藤に対処するオープンマインドな態度を身に着けられるよう促すこと。これは、（"私である／私でない me/not-me" という接点を用いて）治療同盟についてコメントするよう促し、洞察と誤った表現とが曖昧に混在するスーパーヴァイジーとクライエントとの協同作業に対応し、安全な感情的風土を確立することで可能になるであろう。

③スーパーヴァイジーが、自分の意図とクライエントが望んでいる／必要としていると思われること、臨床現場で期待されていることとの間で生じる葛藤を明確にする（可能であれば解決する）のを助けること。

④スーパーヴァイジーが、クライエントの持ち込んだものに同調しながら、逆転移を克服するのを援助すること。

⑤スーパーヴァイジーが行った介入を振り返って、それらと照合しながら今後の倫理的実践を検討すること。

⑥より広い文脈や設定における相互作用のなかで象徴的に展開する、（匿名のままの）クライエントと症状とに焦点を当てること。

⑦（精神力動論における）パラレルプロセスのなかで鏡映される可能性のある、クライエントとスーパーヴァイジー、スーパーヴァイジーとスーパーヴァイザーとの相互作用を捉え、評価すること。

⑧スーパーヴァイジーにサポートやチャレンジを提供することを通して、クライエントにサポートやチャレンジを提供すること。たとえば、正しい反応や介入法はひとつしかないと考えるスーパーヴァイジーの信念に対してチャレンジすること。

⑨セッション後にスーパーヴァイジーが作成したプロセスノートやビデオ分析を通して、アセスメントや評価、治療的介入、目標、治療同盟について振り返る場を提供すること。

　スーパーヴァイザーとして達成すべき上記の目標は、ダンス・セラピーに限らず心理療法全般に普遍的な内容となっていることが読み取れよう。これはダンス・セラピーがダンスや動作を主な交流手段としながらも、あくまでもその目的が心理療法としてあるためと言えよう。Payne（2008）はスーパーヴァイジーがこうしたスーパーヴィジョン体験を通して、自らの心のなかのスーパーヴァイザー（Casement 1985）を育むことが重要であると述べている。

　ダンス・セラピーのスーパーヴィジョンにおいて最大の特徴は、スーパーヴィジョンにおいても動作の実演が行われる点にある。実際には動作を含まないスーパーヴィジョンも実施されているが、多くの実践者が動作を含めたスーパーヴィジョンの有効性を示唆している（Payne 2008；鍛冶他 2001；川岸 2016）。また動作の有無以外にも、スーパーヴィジョンの内容や方法は多様である。言語的心理療法のスーパーヴィジョンと同様にセッションを振り返りながら検討するものがある一方で、スーパーヴァイジーとスーパーヴァイザーが即興で自発的なダンス（Authentic Movement）を踊り、交互に踊り手（mover）と観察者（witness）の役割を交代し、その後で感想を交換しながら検討するものもある（Meekums 2008）。前者はいわゆるスーパーヴィジョン

の形態に近いが、後者はむしろ訓練としてのクライエント体験である教育分析に近いものとも言えよう。ここではスーパーヴァイジーが自身の臨床についてスーパーヴァイザーに報告し検討を行う、前者の形式をスーパーヴィジョンとする。

第6節　日本におけるダンス・セラピー教育

　ダンス・セラピーは1960年代に初めて日本に紹介され、1980年代以降に臨床実践が行われるようになった（町田 2012）。しかし現在まで、欧米のような大学院での体系的な教育プログラムは提供されていない。教育に関しては、1992年に設立された日本ダンス・セラピー協会が定期的な研修講座を提供しているほか、個々のダンス・セラピストがそれぞれの実践や方法論に基づく訓練やスーパーヴィジョンを提供している状況である。

　以下、筆者が受けた訓練について紹介する。筆者自身は日本でアメリカ人ダンス・セラピストから長期的な訓練を受ける機会に恵まれた（鍛冶他 2001）。訓練は精神科医療に携わる専門家を対象に小グループで行われた。内容は、ロールプレイや模擬セッションを用いた理論と技法の指導と、自己理解を深めるワークの二部構成であった。理論的な基盤としては、精神医学や精神分析が用いられ、身体次元での病理と防衛機制の捉え方、共感や情動調律の治療的意義、セラピスト－クライエント関係や、集団力動について学んだ。技法面では、振り付け法、セッションの構造化、イメージや解釈の用い方、観察法や動作分析など具体的な方法が指導された。それらは実際に身体を動かしながら、理論的な説明と併せて体験的に学ぶものであった。

　スーパーヴィジョンは、セッション場面の録画を振り返りながら行われた。具体的には、クライエントの身体動作を模倣的に再現し、その際のセラピストの介入について検討する形で進められた。またそのなかで浮かび上がってきたセラピスト自身の心理的課題については、別に検討する時間が持たれた。それらは動作による自由連想とも言われる即興的動作体験であるオーセンティック・ムーヴメント（Authentic Movement）や描画、詩作、グループでの

ディスカッションを通して行われ、クライエント体験を通して自己理解を深める機会となった。

　次に、筆者が受けたダンス・セラピーのグループスーパーヴィジョンの一部分を紹介したい。言語的心理療法と通じるものであることが、読み取れるであろう。

ヴィネット1：ダンス・セラピーのスーパーヴィジョン

　初心の頃の筆者は、患者の表出する情緒に共感するものの、その情緒が深い悲しみや怒りといった陰性のものであるときに、そこにとどまることが難しかった。そのため振り付けを変えたり、動作のテンポを速めるなど、耐え難い情緒体験を回避する介入を無意識に行っていた。ある病棟内セッションで、活動的な境界例患者を中心としたグループが強い足踏みやパンチの動作で怒りを表現した後、突き出した拳を引き戻して胸に当て、じっと立ち尽くすことがあった。筆者はしばらくその動作を共有した後、気分転換を促すような動作で介入を試みた。しかし、スーパーヴァイザーは、できるだけ患者と一緒にその情緒にとどまり、患者のなかから自然に次のアクションが生まれるのを待つよう助言した。筆者らは、患者の動作を注意深く模倣した。たしかにじっと立ち尽くす患者の胸や背中にみられた重く力ない様子には、深い痛みと悲しみがあり、それは初心のセラピストである筆者には抱えきれないものであった。それについてスーパーヴァイザーは、感じていることが辛くなるような体験であっても、自発的に表現された情緒を大切にし、プロセスを信じることが重要だと語った。また、そうした表現の途中でセラピストがそれを変化させようと介入することは、患者の表現を否定することにつながると解説した。

　鈴木（2005）は、精神分析的心理療法において体験した身体次元での逆転移反応を省察し、セラピストの身体が投影同一化を通してクライエントから投げ込まれた「体感的な直接体験、味わえない情緒やコトバにならない想い」を収納し、部分的な理解から統合的な理解へと変換する場として機能することを示唆している。

　当時のスーパーヴァイザーの説明ではこうした用語は用いられなかったと

記憶しているが、筆者の受けたスーパーヴィジョンは投影同一化によって患者から投げ込まれた前言語水準の体験をセラピストが自らの身体で感じ取りながらその意味を省察し、抱え続ける重要性を示唆していたと考えられよう。心理療法の本質のひとつとも言えるこの部分を、筆者は患者の身体表現を観察しながら、同時に自分自身の身体で体感し、身をもって学んだのであった。

第7節　身体技法の訓練と活用

　ダンス・セラピーでは乳児の最早期の体験は身体的なものであると捉え、それらが治療場面でセラピストに伝達されるときは、まず身体次元で伝えられると考える。そしてセラピストに向けられた投影や転移は、まず身体次元で伝達されていると述べられている（Meekums 2008）。

　言語的心理療法においてもダンス・セラピーと同様に、セラピストの身体はクライエントから動作や表情、音声など身体次元で交流された、表象化以前の言語化しがたい体験を受け取る。Joseph（1985）は全体状況としての転移という考えを示し、治療場面では患者の語る言葉だけでなく、振る舞いや態度、雰囲気といった非言語的側面に注目する必要があると述べている。すなわち、クライエントが言語化できずにいる葛藤や対象関係が、治療場面において行為水準で実演されるエナクトメントを通して、転移や逆転移が解き明かされる意義を論じているのである。また Bion（1962/1999）は、治療場面では患者自身の身体的体験や身体表象のみならず、患者の投影を受けながらその場に在る分析家自身の身体も組み込まれていることを述べている。すなわち治療場面におけるセラピストの身体の在りようを考えたとき、セラピストが治療場面に影響を及ぼすような表情や動作表現を通して抱えきれない情緒や緊張感を排出している可能性も考えられよう。

　通常の臨床場面で実施されている言語的心理療法において身体性を活用するためには、それが言語化と相補的に用いられる必要がある。

　筆者が実践している精神分析的アプローチでも、身体は重要なテーマとしてたびたび論じられてきた。そもそも創始者である Freud 自身が自我は身

体にあると述べ、心身の不可分性を示唆している（Freud 1923/2007, pp.21）。一方で精神分析はその始まりから、思考や感情を言葉にして語ることが中核的な意味を持つとされてきた（Freud 1895/2008；1905b/2009）。非言語次元での表現や体験は多義的であり、そこに依拠した介入は恣意的な解釈による乱暴な分析を招きかねないという危惧が指摘されている。さらに松木（2000）は、一次過程で交わされるコミュニケーションの心地よさに浸ることで治療が停滞することを問題とし、言語化の重要性を説いている。しかし言語化を急ぐことで零れ落ちてしまうものや、言語化しがたい内的体験に触れながら、それを探究するプロセスに目を向けることも重要であろう。そしてそうした領域で機能するのが、身体なのである。そのように考えたとき、感情や情動を身体次元でしっかり受け止め身体を通して表現する身体性が立ち現れること、そしてそれを通して得た理解が言語的に思考され、交流されるよう志向することが求められよう。

　セラピスト自身がこうした身体次元での交流を繊細に感受しつつ、持ちこたえるためには、身体次元での訓練が求められる。また、治療場面で生じる多彩な身体的表現や体験に目を向けその意味を探究するためには、セラピスト自身が自らの身体性を研ぎ澄ませている必要があろう。

　ここで紹介したダンス・セラピーは、身体感覚や身体動作の力動的な活用に優れた技法である。次にその訓練のなかで、とくに言語的心理療法の実践においても役に立つと思われる内容を紹介する。

　ミラーリング：他者の身体動作を細部まで丁寧に観察して鏡映的に模倣し、身体的体験を通して他者の心理的体験を探索する。あるいは、特定の人物の身体を想起し、その姿勢や動作、リズム等を模倣しながら、対象が身体次元で体験している感覚に焦点を当て、そこから沸き起こる情緒を探究することを通して共感に努める。

　動作分析：動作分析学（Laban 1950）による動作の分類に沿って、さまざまな質の動作を体験し、自分自身やクライエントの動作傾向や、それにまつわる情緒的体験について探究する。

　動作を通じた自己の探究：先に紹介したオーセンティック・ムーヴメント

を基盤に、さまざまな心理的テーマを探究し、そこで体験される情緒やイメージを手掛かりに、その意味を思考する。

　こうした取り組みは、臨床家自身の現実の身体の使い方を洗練させるだけでなく、精神と身体との深い結びつきを体験的に理解し、全体性を持った存在としてのセラピストであるために重要であると考えられる。

第8節　スーパーヴィジョンにおける身体性の活用

　セラピストが自らの身体性に開かれ、クライエントとの身体次元での交流に繊細な視点を注ぎ続けるとき、そこには新たな治療的展開が生じる可能性があることを多くの精神分析的セラピストが指摘している（Winnicott, 1969/1998；Joseph 1985；Ogden 1994；Lemma 2014；2016；Bronstein 2015）。同様に、そうした視点がスーパーヴィジョンのなかに組み込まれるとき、臨床家の訓練においても新たな進展がもたらされるであろう。
　次に精神分析的心理療法の立場から行っているスーパーヴィジョンのヴィネットを挙げ、身体性に注目しながら実践した例を紹介したい。

ヴィネット2：スーパーヴィジョン場面でのエナクトメントをめぐって
　スーパーヴァイジーは、理知的で落ち着いた印象を与える、中堅の心理士であった。スーパーヴァイジーは当初から呑み込みが早く、筆者の問いに期待通りの応答が返されるスーパーヴィジョンは筆者にとっても楽しみな時間となっていった。しかしスーパーヴィジョンが続いていくにつれて、スーパーヴァイジーが筆者のコメントに対して疑問を呈したり、意見の相違が議論の俎上に上がることが少ないことを、筆者は不思議に感じ始めた。スーパーヴァイジーの課題として怒りや憎しみといった陰性感情の扱いが苦手であることが時々話題になったが、スーパーヴァイジーはそうした問題が取り上げられるたびに深く同意した。しかし、それをどうしていいのかわからないのだと困った様子を見せるものの大きな変化はみられず、スーパーヴィジョン

は一見穏やかに継続された。

　やがてスーパーヴィジョンで、スーパーヴァイジーはプロセスノートの読み上げに始まり、それをめぐる連想や理解などの話題を話し続け、筆者の口を挟む隙がないものになっていった。筆者は自分がスーパーヴィジョンから締め出され、無用な存在になっているかのように感じていた。そうした状況がしばらく続いた後、突然スーパーヴァイジーがスーパーヴィジョン頻度を減らしたいと希望した。「少し自分でやってみたいから」という理由であった。急な申し出に驚きつつ、その点を次回のスーパーヴィジョンで検討することにしたが、スーパーヴァイジーは次の回になると「やはり今まで通りで」と変更しないことを希望した。急な要望とその取り下げの理由を尋ねたが、スーパーヴァイジーは明確な理由を語らず筆者もそれ以上踏み込まなかった。

　新たなクライエントは、子どもの不適応に悩む中年女性であった。そのクライエントは、それまでのスーパーヴィジョンで持ち込まれてきた受け身的で依存的なクライエントとは趣が異なっていた。スーパーヴァイジーはクライエントの過度に礼儀正しい態度に違和感を覚えるものの、熱心に助言を求める彼女の力になりたい気持ちがあると語った。面接場面でのやり取りから、このクライエントには人格障害水準の病理があると思われ、筆者はその見立てをスーパーヴァイジーに伝えた。スーパーヴァイジーは一瞬表情を硬くしたが、すぐにいつもの落ち着いた様子に戻り、自分では気づかなかったと感嘆しつつ、筆者の見立てに同意した。筆者はどこかで、まだこのスーパーヴァイジーの役に立てることがあるのだと感じて安堵した。

　そのクライエントは実際、対人関係の持ち方に大きな問題を抱えており、面接でもセラピストに対して称賛や挑戦を繰り返すようになった。やがてスーパーヴァイジーはこのクライエントに対する陰性感情を口にするようになり、セッションに贈り物を持参し、強引に渡そうとして引き下がらず困ったというエピソードを語り始めた。クライエントの強引さを前にして断るのに難儀する様子に、筆者は受容一辺倒になりがちなスーパーヴァイジーへの歯がゆさを感じた。しかしそれを指摘することでスーパーヴァイジーを傷つけそうな気がして、黙って報告を聞いていた。するとスーパーヴァイジーは突

然腰を浮かせ中腰になり、互いの間を隔てる机の上に手を伸ばし、「先生、どうぞ、どうぞ！　って。こんな感じなんですよ！」と強い口調でその場面を再演したのであった。それは贈り物をくれるというよりもっと激しい、掴みかかるような、怒りをねじ込むような動作であった。筆者は、いつも冷静なスーパーヴァイジーの突然の行動に驚きつつ、切実な様子に恐れと痛みを感じ、思わず身を硬くし、返す言葉を失った。同時に、スーパーヴァイジーに指摘するばかりで実際には陰性感情を十分に扱いきれていなかった筆者に対し、スーパーヴァイジーが捻じ込んだこの感覚を全身で受け止める必要を感じた。

　次の回で筆者たちはスーパーヴィジョン関係について話し合った。スーパーヴァイジーは、筆者の助言に納得がいく一方で、言われるたびに自分の力不足を感じ無力感に苛まれるのだと率直に語った。筆者は、自分がそのクライエントのように押しつけがましい人物であると言われているかのようないたたまれなさを感じ、傷ついた。そして、保護的な言葉でスーパーヴァイジーを労い、包んでしまいたい思いに駆られた。しかし同時に、筆者が包み隠してしまいたいのは、筆者自身の傷つきやすさであることも理解していた。なぜならば、筆者が感じた痛みこそ、スーパーヴァイジーがこれまでの治療場面で感じていながら扱えずにいたものであったのだ、と思い至ったからであった。そして、筆者こそが捻じ込まれた不満や怒りに目を向け、筆者たちのスーパーヴィジョンでの課題を乗り越えるべきだと感じたのだった。

　その後、筆者たちは改めてスーパーヴィジョンの目的を共有し、これまでの成果と課題を整理した。スーパーヴァイジーのエナクトメントは、改めてスーパーヴィジョンを生き生きとしたものに変える作用をもたらしたのであった。

　心理療法関係とスーパーヴィジョン関係には共通した精神力動が生じることがあると指摘されている（Searles 1955；Ekstein & Wallerstein 1972）。これはパラレルプロセスと呼ばれ、本邦でもスーパーヴィジョン関係を検討する際に採り入れられている（岩崎 1997；津島 2005；東畑 2011；樫村 2016；桑本 2017）。スーパーヴァイザーあるいはスーパーヴァイジーとして、一定期間の継続的なスーパーヴィジョンを経験した臨床家であれば、そうした現象を

多かれ少なかれ体験しているであろう。そしてスーパーヴィジョンのなかでその意味が理解され生かされるためには、スーパーヴァイザーの臨床性が必要とされる。しかし、実際の臨床場面で生じた逆転移が渦中にいるセラピスト自身からは見えづらいのと同様に、スーパーヴィジョン関係のなかで生じている課題に向き合うのは容易ではない。ヴィネット2において、表面的な心地よさを享受するなかで筆者が目を背けてきた対決に向き合うことを可能にしたのは、身体の持つ直接性であった。スーパーヴァイジーが羨望や憎しみ、怒りを突然の動作を通してエナクトメントしたことは、筆者が目を背けていた課題を明らかにした。治療のなかで扱いきれなかった陰性感情は、スーパーヴァイジーが一人で取り掛かる課題ではなく、実はスーパーヴィジョンの場において、スーパーヴァイザーである筆者も共に乗り越えなければならないものであった。触れられずにいた情緒の扱いをめぐる葛藤が動作を通して再現されたことで、筆者はその激しさを、まさに身をもって体験し、見て見ぬふりが許されない、抜き差しならない状況へと瞬時に追い込まれていった。動作の、あるいは身体の持つこうした直接性は、言語化しがたい陰性感情に触れる契機を与えると言えよう。

ヴィネット3：スーパーヴィジョン場面でのスーパーヴァイザーの身体的体験を通して

初心の臨床家であったスーパーヴァイジーは、ある事例検討会での筆者のコメントを聞き、そのような考え方を身に着けたいとスーパーヴィジョンの動機を語った。筆者はそれに応じ、基本的な技法の指導と初心のセラピストを情緒的に抱える作業を想定し、スーパーヴィジョンを引き受けることにした。スーパーヴァイジーは毎回のスーパーヴィジョンに丁寧なプロセスノートを携え現れた。

クライエントは神経症水準の中年男性であった。両親は多忙で、彼は幼少期から孤独であった。両親への同一化を試みて学業や就職に取り組んだものの、期待する成果に結びつかなかった。クライエントは、両親への憎しみや羨望、不毛な人生への絶望感を抱えていた。そして、そのような気持ちを整理したいと希望した。

始まったばかりの治療では家族や職場への不満が繰り返し語られ、プロセスノートからは怒りや絶望が読み取れた。しかし、それらはスーパーヴァイジーの声を通して読み上げられると、情緒的な色合いの乏しい印象であった。またセッション中の応答も、いわゆる繰り返しの技法が目立っていた。

　数回目のスーパーヴィジョンで、クライエントが強い情緒を体験したと思われるエピソードを語った際に、スーパーヴァイジーが相変わらず繰り返しの技法で応答している様子を聞き、筆者は「（クライエントが）なぜそう思ったのかを尋ねないのか？」と尋ねた。するとスーパーヴァイジーは困ったような表情を見せ、「以前指導を受けた○○先生から、"なぜ"という聞き方はしてはいけない。"どのような理由で"と聞くようにと言われたのですが……」と抵抗を示した。筆者は生身のクライエントを前に教科書通りの応答を続けていることに驚きつつ、「先生」に同一化しやすい初心のセラピストがその人らしさを損なうことを危惧し、具体的な介入の仕方を指示する難しさを感じた。

　開始から一年が経過しても、セッションは目立った進展がないまま継続していった。クライエントは休まずにセッションに通い、両親が多忙で幼児期から何もしてくれなかったと不満を語り続け、スーパーヴァイジーは転移の文脈で丁寧に解釈を繰り返した。しかし対話は堂々巡りに陥り、治療は行き詰まった。筆者から見ると、情緒を扱う際のスーパーヴァイジーの言葉かけは杓子定規で硬さが目立ち、クライエントとの情緒的交流が乏しいように感じられた。しかしスーパーヴァイジーにそれを伝えるといったんは同意するものの、結局、同様の態度が続き、治療は平行線をたどっているように見えた。

　この頃筆者は、スーパーヴァイジーが着席すると挨拶もそこそこに、プロセスノートを読み始める様子が気になり始めた。開始時に視線を合わせたり軽い会釈を交わすなどのちょっとした交流がなく、やや唐突に始まるスーパーヴィジョンに、若干の居心地悪さを感じたのであった。しかしスーパーヴァイジーのまじめさや、初心ゆえの緊張感によるものであろうと理解し、それについて取り上げることはなかった。

　やがてセッション同様にスーパーヴィジョンも停滞し、スーパーヴィジョ

ン中の筆者の頭はぼんやりし始め、徐々にスーパーヴァイジーが読み上げるプロセスノートの内容が耳に入らなくなっていった。しかしスーパーヴァイジーからは当然のように、行き詰まった治療状況への打開策が尋ねられた。筆者は、スーパーヴァイジーが読み上げるプロセスノートに十分に集中できていないことや、創造的な治療の産出展開へと導くことができないことに悩んだ。そして、スーパーヴァイジーがプロセスノートを読み終わると、残りの時間は聞き逃した内容を拾うようにできるだけ丁寧にそれを眺めながら、セッション内のやり取りを吟味しては解釈するようになった。しかし、そこには生きた交流が生じることなく、筆者とスーパーヴァイジーとの間で生み出されるものが見つけられないまま時間が流れていった。

　こうした不毛なスーパーヴィジョンが繰り返されるなかで、筆者はなぜスーパーヴァイジーの読み上げるプロセスノートの内容が自分のなかに残らないのだろうと自問するようになった。そして、いったんプロセスノートの内容から離れ、ただそれを読み上げるスーパーヴァイジーの声に耳を傾けることにした。すると読み上げる速度が微妙に早く、音声には抑揚やリズムが乏しく平板であることが際立って感じられた。そしてそれはスーパーヴァイジーの姿勢や動作の硬さと同質のものであった。そこで筆者が読み上げ方や姿勢について尋ねると、スーパーヴァイジーはしばらく考えた後ふと表情を変え、クライエント自身の語り方や居住まい自体がまさにそのような調子なのだと、生き生きとした様子で語り始めた。実際にはスーパーヴァイジー自身が、面接室でのクライエントの硬い態度に息が詰まるように感じていたのであった。

　スーパーヴァイジーは無意識のうちに、非言語次元でクライエントの身体に同調し、それをスーパーヴィジョンに持ち込んでいたのであろう。そして筆者が感じた孤独は多忙な両親カップルから締め出されたクライエントのものであり、クライエントとの心の交流を感じられないスーパーヴァイジーの体験でもあった。筆者はそれに気づき、スーパーヴァイジーとクライエントが非言語の水準で共に生きている世界を探索するためには、プロセスノートだけでなく、身体を糸口に探っていく必要を感じたのであった。

　筆者はスーパーヴァイジーに、クライエントの硬い姿勢に関する連想を尋

ねた。するとスーパーヴァイジーは「鎧のよう」とそれを表し、怒ってばかりのクライエントが、本当は弱い心を鎧で守っているのだという理解を語った。その後、筆者たちは改めてこのことについて連想を広げながら、クライエントの対象関係を丹念に探索する時間を取ったのだった。

　次のスーパーヴィジョンで、繰り返されるクライエントの不満を受けて、スーパーヴァイジーが親に不満を言っても取り合ってもらえなかった辛さに触れたところ、クライエントが初めて「寂しさ」を語ったことが報告された。そしてそれを聞きながら、スーパーヴァイジー自身も思わず涙が出そうになったとのことであった。その後、クライエントの不平不満は収束し、セッションの内容は一気に無力感や悲しみを漂わせるものへと転じていった。

　スーパーヴィジョンにおけるパラレルプロセスは先にも述べた通りである。本スーパーヴィジョンでもまた、スーパーヴァイジー自身が身体次元でクライエントに同調し、スーパーヴィジョン場面にクライエントの羨望や孤独、不毛感、同一化をめぐる葛藤を持ち込んでいたと思われる。技術的な助言が受け入れられないことや、スーパーヴァイジーの硬い態度に感じた居心地の悪さから、筆者は関わりの難しさを感じた。しかしそこには、クライエントが抱いていた葛藤がエナクトメントされていたとも受け取れよう。そのなかでプロセスノートの内容が頭に入らないという状況が生じ、筆者はスーパーヴァイジーの語るセッションから心理的に締め出されていた。そして表面的な助言を繰り返し、スーパーヴィジョンは不毛なものとなっていた。筆者自身がスーパーヴァイジーから向けられた同一化をめぐる両価性を理解しないまま、「何もしてくれない」親となり、その結果スーパーヴィジョンは創造性を失っていった。こうした関係性のパラレルな構造のなかで再現される心理的テーマを教育的に意味のある体験として活用できるようにするためには、スーパーヴァイザーが柔軟に視点転換を行うことが必要である。そしてそのようなメタヴィジョンを発揮するために重要なツールのひとつが身体であろう。ヴィネット３のスーパーヴィジョンでは、スーパーヴァイジーが身体次元で持ち込んだ世界に注目するなかで、クライエントの交流の性質や心情への理解が生まれ、スーパーヴィジョン場面でその意味が思考される素材とな

ったのであった。

おわりに

　本章では、身体性を活用した心理療法であるダンス・セラピーの実践と訓練について紹介した。さらにそこからの展開として、言語を主とする通常の心理療法におけるスーパーヴィジョンでの身体性の活用例を紹介した。

　本邦の公認心理師養成のためのカリキュラムにおいては、非言語的側面への理解を育むことが必須とされている。しかし、実際の大学・大学院教育において面接技法の訓練を実施する際には、ロールプレイや模擬面接を通して詳細に会話の練習が行われる一方で、非言語的な側面や身体を介した交流について身体を動かしながら学ぶ機会は少ない。またスーパーヴィジョンでは文字ベースで作成されたプロセスノートが介在することもあり、実際のセッションでクライエントが多くのことを非言語次元で表現していたとしても、報告者がその点に注意を向けない限り、文書として分節化される以前の身体的体験が検討の俎上に上ることは難しいと考えられる。

　狩野ら（1999）はスーパーヴィジョンにおけるパラレルプロセスを検討するなかで、「バイザーはバイジーの治療の内容以上に、バイジーのバイザーに対する態度に注目すべきである」と述べている。スーパーヴァイジーはプロセスノートを通して語られた言葉を持ち込み、同時に自らの身体を介してクライエントの身体を持ち込むこともあるのではないだろうか。

　「心」と「身体」を統合する視点から「全体性を生きる人間存在」を対象としていく心理臨床においては、セラピストもまた心と身体を持った全体性を生きる存在であることが求められよう。そしてそうしたセラピスト訓練の場となるスーパーヴィジョンにおいても、スーパーヴァイジーとスーパーヴァイザーの両者が、共に自らの身体性に開かれている必要があろう。スーパーヴィジョンの場で言葉になる前の、あるいは言葉にしがたい体験が身体を通して語られるとき、スーパーヴァイザーは自らの身体を通してスーパーヴァイジーの言葉にならない語りを感受しようと努めることに意味があると言

えよう。

［文　献］

American Dance Therapy Association（http//www.adta.org）〔2022年6月19日閲覧〕

Appel, C., 2005, International growth of dance movement therapy. Levy, F.J. (ed.), *Dance movement therapy: a healing art. 2nd rev. ed.* pp.263-272, National Dance Association, An Association of the American Alliance for Health, Physical Education, Recreation and Dance.

Berrol, C., 2016, Reflections on dance/movement therapy and interpersonal neurobiology: the first 50 years. *Am J Dance Ther* 38(2): 303-310.

Bion, W., 1962, 1984, *Learning from experience. Elements of psycho-analysis.* Karnac Books.（福本修訳〔1999〕『精神分析の方法 I ―セブン・サーヴァンツ』法政大学出版局）

Bollas, C., 1987, *The shadow of the object: psychoanalysis of the unthought known.* Columbia University Press.（舘直彦監訳〔2009〕『対象の影―対象関係論の最前線』岩崎学術出版社）

Bronstein, C., 2015, Finding unconscious phantasy in the session: recognizing form. *Int J Psychoanal* 96(4): 925-944.

Casement, P., 1985, *On learning from the patient.* Tavistock Publications.（松木邦裕訳〔1991〕『患者から学ぶ―ウィニコットとビオンの臨床応用』岩崎学術出版社）

Ekstein, R. & Wallerstein, R.S., 1972, *The teaching and learning of psychotherapy. 2nd ed.* International Universities Press.

Freud, S., 1905a, *Drei Abhandlungen zur Sexualtheorie.*（渡邉俊之訳〔2009〕「性理論のための三篇」渡邉俊之他訳『フロイト全集6』岩波書店）

Freud, S., 1905b, *Fragment of an analysis of a case of hysteria.* SE. 7.（渡邉俊之・草野シュワルツ美穂子訳〔2009〕「あるヒステリー分析の断面『ドーラ』」渡邉俊之他訳『フロイト全集6』岩波書店）

Freud, S., 1923, *The Ego and the Id.* SE. 19.（道籏泰三訳〔2007〕「自我とエス」本間直樹他訳『フロイト全集18』岩波書店）

Freud, S. & Breuer, J., 1895, *Studies on hysteria.* SE. 1.（芝伸太郎訳〔2008〕『フロイト全集2　ヒステリー研究―1895年』岩波書店）

岩崎徹也（1997）「スーパービジョンをめぐって」『精神分析研究』41巻3号、167-181頁。

Joseph, B., 1985, Transference: the total situation. *Int J Psychoanal* 66: 447-454.

Jung, C.G., 1948, 1951, *Aion. Über psychische Energetik und das Wasen der Traume.*（秋

山さと子・野村美紀子訳〔1980〕『ユングの人間論』思索社）

皆藤章（2014）「スーパーヴィジョン学における今後の課題」皆藤章編『心理臨床実践におけるスーパーヴィジョン―スーパーヴィジョン学の構築』209-218頁、日本評論社。

鍛冶美幸（2013）「身体的共感と動作を用いた心理療法の試み」『心理臨床学研究』30巻6号、888-898頁。

鍛冶美幸（2022）「ダンス・セラピーの理論と実践」『精神科治療学』37巻9号、963-968頁。

鍛冶美幸・香田真希子・遊佐安一郎他（2001）「ダンス／ムーブメント・セラピーのトレーニングとスーパーヴィジョン」『集団精神療法』17巻1号、49-53頁。

狩野力八郎・村岡倫子（1999）「並行過程（Parallel Process）の再検討」『精神分析研究』43巻4号、376-378頁。

樫村通子（2016）「スーパーヴィジョンにおける双方向のパラレルプロセスについて」『心理臨床スーパーヴィジョン学紀要』2号、38-52頁。

川岸恵子（2016）「ダンス／ムーヴメントセラピーにおけるスーパーヴァイズの意義について―スーパーヴァイジーの視点から捉えたスーパーヴィジョントレーニングの効果」『ダンスセラピー研究』9巻1号、43-54頁。

河合隼雄（1992）『心理療法序説』岩波書店。（河合俊雄編〔2009〕岩波現代文庫）

河合隼雄（2010）『河合隼雄語録―カウンセリングの現場から』岩波書店。（河合俊雄編〔2018〕岩波現代文庫）

北山修（1998）「身体とことば―からだの声を聞く」『精神分析研究』42巻2号、144-151頁。

桑本佳代子（2017）「スーパーヴィジョンの意義についての考察―パラレルプロセスに注目して」『心理臨床スーパーヴィジョン学（京都大学大学院教育学研究科臨床実践指導学講座紀要）』3号、80-94頁。

Laban, R., 1950, *The mastery of movement.* Revised by Ullman, L., 1988, Northcote House.

Lemma, A., 2014, *Minding the body: the body in psychoanalysis and beyond.* Routledge.

Lemma, A., 2016, *Introduction to the practice of psychoanalytic psychotherapy. 2nd ed.* Wiley Blackwell.

Levy, F.J., (ed.), 2005, *Dance movement therapy: a healing art. 2nd rev. ed.* National Dance Association, An Association of the American Alliance for Health, Physical Education, Recreation and Dance.

町田章一（2012）「日本におけるダンスセラピーの歴史」平井タカネ監修『ダンスセラピーの理論と実践―からだと心へのヒーリング・アート』31-47頁、ジアース教育新社。

松木邦裕（2000）「言葉から離れないこと―精神分析的治療における言語化、とくに解釈の役割」『精神分析研究』44巻1号、61-65頁。

Meekums, B., 2008, Spontaneous symbolism in clinical supervision: moving beyond logic. Payne, H. (ed.), *Supervision of dance movement psychotherapy: a practitioner's handbook.* pp.52-76, Routledge.

Ogden, T.H., 1994, The analytic third: working with intersubjective clinical facts. *Int J Psychoanal* 75(1): 3-19.

Payne, H., 2008, Supervision in dance movement psychotherapy: an overview. Payne, H. (ed.), *Supervision of dance movement psychotherapy: a practitioner's handbook.* pp.32-34. Routledge.

Schmais, C. & White, E.Q., 1986, Introduction to dance therapy. *Am J Dance Ther* 9: 23-30.

Searles, H.F., 1955, The informational value of the supervisor's emotional experiences. *Psychiatry* 18(2): 135-146.

Stern, D.N., 1985, *The interpersonal world of the infant: a view from psychoanalysis and developmental psychology.* Basic Books.（小此木啓吾・丸田俊彦監訳〔1989〕『乳児の対人世界─理論編』岩崎学術出版社）

鈴木誠（2005）「逆転移理解に『治療者の身体』と『違和感』という観点を導入すること─体験を考える素材にするプロセス」『精神分析研究』49巻4号、339-348頁。

髙橋靖恵（2014）「スーパーヴィジョン学の構築」皆藤章編『心理臨床実践におけるスーパーヴィジョン─スーパーヴィジョン学の構築』150-174頁、日本評論社。

東畑開人（2011）「"Super-Vision" を病むこと」『心理臨床学研究』29巻1号、4-15頁。

津島豊美（2005）「パラレルプロセスの気づきと理解は治療者にどう影響するか─スーパーヴィジョン体験から学んだこと」『精神分析研究』49巻2号、162-170頁。

Winnicott, D.W., 1953, Transitional objects and transitional phenomena. *Int J Psychoanal* 34(2): 89-97.

Winnicott, D.W., 1969, *The mother-infant experience mutuality.*（牛島定信監訳・倉ひろ子訳〔1998〕「母子相互性の体験」『精神分析的探究3─子どもと青年期の治療相談』8-21頁、岩崎学術出版社）

第**3**章

精神分析的心理療法における
スーパーヴィジョン

星野修一

はじめに

　私が精神分析的なオリエンテーションを学び始めたのは、臨床心理士養成の大学院を卒業した頃である。当初はどのオリエンテーションが自分に合っているのかよくわかっておらず、さまざまな勉強会や研修会に参加してみたが、最終的には精神分析的心理療法が水に合うように感じ、現在も学び続けている。時折、異なるオリエンテーションを学ぶ心理職の知人と話をするときに「精神分析的心理療法ってどこで勉強会とか研修会とかしているの？」と訊かれることもある。精神分析や精神分析的心理療法に馴染みのない人にしてみれば、精神分析というのは古典で学ぶ一手法にすぎず、そうでないとしても、現代でそのエッセンスを学ぶことのできる場は非常に限られていると認識されているのかもしれない。かくいう私も、過去に精神分析的心理療法を学ぶ勉強会や研修会を探すときには、容易に見つからず、知人を介してやっと見つかり、参加できるという苦労があった。ただ、2020年以降、コロナ禍を経て、世の中でオンライン上で受講することのできる研修会が増えるなかで、精神分析的心理療法を学ぶことのできるオープンな場も増加し、以

前に比し、間口が広がっている印象はある。

　また、近年、日本精神分析学会では、年次大会時に「精神分析をどう学んだか」というセミナーが組まれており、そこでは臨床経験の豊かな先生方がどのように学んできたのかを語り、参加者はその貴重な話を聞くことができる。先生方の話をお聞きしていると、現在の日本では、学びのリソースは比較的入手しやすくなったのだろうと感じる。文献に限らず、オンラインで海外の分析家のさまざまな情報やトレーニングの機会にアクセスしやすくなったこともあるのだろう。

　今回、精神分析的心理療法におけるトレーニングと、その学びのひとつとしてのスーパーヴィジョンを考えるうえで、まず日本の精神分析に関連する組織が認定している資格とその資格を取得するための学びの体系を概観する。その次に、私自身の学びについて紹介し、学ぶ方法のひとつであるグループスーパーヴィジョンの実際を例示する。私はいまだ自分が十分なトレーニングを積んでいると思ってはいないが、私の経験の紹介を通じて、精神分析的心理療法の学びの特徴についてその一端を示すことができればと思う。

第1節　組織が認定する資格取得とその養成の概観

　日本には、日本精神分析協会と日本精神分析学会という歴史のあるふたつの異なる組織が存在する。まず日本精神分析協会であるが、これは国際精神分析学会に認定されている日本唯一の精神分析組織である。協会の目的として精神分析学の研究と、精神分析療法の臨床実践をあげている。協会が養成する精神分析家、精神分析的精神療法家は国際基準に適う資格であり、その志願と訓練内容は以下のように定められている（https://www.jpas.jp/ja/）。

　志願と受理について
　・医学部卒業、大学院修士課程修了者。5年以上の臨床経験。協会認定の
　　基礎セミナーの修了。日本精神分析学会で一般演題水準以上の口頭発表。
　・協会の指定する2名の精神分析家による面接を受けること。

・週４回以上の、また精神分析的精神療法家研修生志願者は週１ないし２回以上の、訓練分析家による審査分析を１年間受けること。

→委員会の承認を経て精神分析家候補生、あるいは精神分析的精神療法家研修生として正式に受理。

訓練内容について

①訓練分析：週４回以上の、また研修生は週１ないし２回以上の頻度で、協会の認定した訓練分析家による個人分析。

②スーパーヴィジョン：週４回以上の寝椅子自由連想法によって行われる成人の精神分析療法例を２例以上、また研修生は週１回以上で行われる成人の精神分析的精神療法例を２例以上、いずれも協会の認定したスーパーヴァイザーの指導のもとで経験すること。各症例につき、最初の１年間は原則として毎週１回以上の頻度で、また期間については２年以上にわたって行われる必要。

③協会が認定しているセミナーの受講。

　次に、日本精神分析学会であるが、こちらはホームページ（https://www.seishinbunseki.jp/）に「臨床経験科学としての精神分析の研究ならびに精神分析的な治療をおこなう治療者および研究者の広く参加する学会であって、現場の臨床実践をくみ上げ、これを精神分析的な治療、教育、その他の応用に役立たせることを基本精神とする」とある。つまり、訓練のための機関ではなく、学術団体である。しかし「臨床家が実践知の向上・深化を図るための機会を提供することこそ、この学会のもっとも重要な機能」としており、「この機能が有意義に働くように、本学会は独自の研修内容に基づいた精神療法医、心理療法士の認定制度を設立」とも掲載されている。この学会が認定しているのが、日本精神分析学会認定心理療法士、認定精神療法医という資格である。さらにはそれぞれに認定スーパーヴァイザーの資格がある。

　申請基準について

・日本臨床心理士資格認定協会認定の臨床心理士資格取得後５年以上の心

理臨床経験を有する者で、日本精神分析学会認定心理療法士の認定を申
請する者。

必要となる訓練について
・スーパーヴィジョン報告ならびに証明書（3例、最低40回以上週1回）
・学会・論文発表報告書（口頭発表2例以上）
・症例・事例検討会（学会の認定するグループ）参加報告ならびに証明書
・系統講義受講報告と受講証明書

　それぞれの組織が認定するこのような資格は、取得に必要とされる所定の
トレーニングを行っていくことで、必要な専門知識や体験を積み重ねること
ができるようになっている。
　さらに、日本精神分析学会の認定心理療法士の資格要件から考えてみると、
精神分析的心理療法のトレーニングのエッセンスは、以下のようにいえるだ
ろう。

・精神分析における理論を、精神分析的心理療法にそのまま平行移動して
　用いることには慎重さが必要である。しかし、無意識、転移、解釈など、
　心的世界を理解するための理論や技法といった共通基盤があると考えら
　れ、それらを援用するために十分な理解が必要となる。
・精神分析的心理療法が実施できる設定のなかで、クライエントと出会う
　一定の臨床経験が必要となる。
・スーパーヴィジョンによる継続的な指導を受けるなかで、アセスメント
　や技法について学ぶことが必要となる。
・系統的な講義の受講を通して、体系化された理論や技法を習得すること
　が必要となる。
・自分自身の個人分析（教育分析）を体験することで、より深い水準での
　自己理解が必要となる。

　学会が認定する資格を取得しなければ、精神分析的心理療法を実施できな

いかというとそういうわけではない。しかし資格取得を目指すことで、最低限必要なトレーニングを積むことができるようになっており、そのプロセスのなかで随時、自分に何が足りていないかを確認することができるだろう。そのなかでも、スーパーヴィジョンはトレーニングの重要な要件のひとつであり、自分の事例についての指導を受けるなかで得る学びは大きいものと考えられる。

　スーパーヴァイザーの探し方については、精神分析学会に入会することで会員の連絡先を知ることができるため、直接連絡をとって、スーパーヴィジョンを依頼することが可能である。また、精神分析学会の年次大会に参加し、さまざまな先生の事例発表や事例発表に対する助言を見聞きするなかで、自分がスーパーヴィジョンを受けてみたいと思う人物を探し、アポイントメントをとってみるということもひとつである。

　初学者がどのように精神分析の世界に触れるのか、山崎孝明が著した『精神分析の歩き方』（2021）はそのガイドマップとして、全体像を把握するうえで非常に有用である。そうはいっても、今すぐ学び始めてみたいけれど、身近に学びの糸口がない場合にはどうしたらいいのか、困る人が多いように思う。私は、まさにそのような状況のなかで学び始めたため、次に私の学びの経験を少し紹介してみたいと思う。

第2節　私の精神分析的心理療法の学び

　私が在籍していた大学院には、精神分析に精通する教員はおらず、触れるためのリソースは一切なかった。そのため、書籍を通じてほんの一部をかいまみる程度の知識であった。そして、仮に精神分析的心理療法を学ぶことのできる研修に参加し、学ぶことができたとしても、精神分析的心理療法を自分の核となるオリエンテーションにしようというモチベーションはないに等しかった。当時の私の、精神分析的心理療法を学ぶことのイメージは「習得するまでに多くの労力や時間、金銭を必要とする、どこまで続くのかわからない道」であり、「労多くして甲斐なし」「剥いても剥いても結局、何も得る

ことができない『タマネギの皮剥き』のような作業」であった。しかし、無意識や夢、転移といった概念やそれらを用いる技法に強く惹かれる気持ちもあった。大学院時代からボランティアとして通っていた精神科クリニックの医師や心理職の先生方が、精神分析をオリエンテーションとしており、デイケアにおける集団精神療法や、力動的な視点からの心理検査、精神分析的心理療法の実践など、患者を理解し、治療が進んでいくさまを間近で見る経験は非常に貴重で、刺激的であった。そして大学院修了後には、認知行動療法や動作法など他に身に着けたい技法を学びつつ、試しに学ぶことのできる場を探すようになり、精神分析についても、一定期間、いくつかの勉強会や読書会、研修会に参加してみることにした。知人の伝手やインターネットを介して、集団で精神分析の古典を講読する勉強会や、精神科医や心理職を中心とする症例検討会を見つけ、参加することができた。そうした場で継続的に学ぶことで、理論と実践がどのように結びつくのかを聞き知ることができ、その結果、一定の労力や時間、金銭を割き、自分がそこに身を浸すことが必要であると強く感じるようになっていった。

　その後、日本精神分析学会の認定資格と、その資格取得を目指すことが、精神分析的心理療法を学ぶための段階的なトレーニングとなることを知り、目指してみようと思うようになった。そして、関西で精神分析的なものを体系的に学ぶことのできる学会認定のセミナーに参加した。また、学会が認定するスーパーヴァイザーを調べ、連絡を取り、そのスーパーヴィジョンを受けることにした。はじめは資格取得を目指す意識が強かったが、セミナーを継続的に受講し、週1回のスーパーヴィジョンを一定期間受けるなかで、習得した知識や技術が実感をもって身に着くまでには想定していた以上に多くの時間が必要であるように感じられた。そのため資格取得も目指しつつ、それとは関係なく、自分が納得でき知識や技術が身に着くまでは、同じセミナーやスーパヴァイザーに学び続けてみようと思うようになった。ただその間に、そこまで多くの労力や時間をかけ続けてもよいのだろうかという葛藤や、もし本格的に精神分析を学ぶのであれば精神分析協会の本部がある東京や福岡に移住することも考えなければならないのではないかという不安もあった。しかし、自分が目指すのは精神分析的心理療法の確かな技術であり、当時の

自分にとって無理がなく、手の届く範囲で着実に学んでいこうと考えるようになった。

精神分析学会の年次大会では、初学者でも事例を発表することのできる場があるため、スーパーヴァイザーの指導を支えに、事例の発表にも挑戦した。発表までに資料をまとめあげる作業は、自分のその時点での臨床スタイルや技術不足と向き合い、振り返る作業になった。また、発表当日には、自分の臨床や組み立てた理解に対し、助言者から新たな視点を学ぶことができ、フロアでのディスカッションを通してさまざまな視点に気づくことができた。そうした発表体験を通じて、徐々に自分の中核的なオリエンテーションが精神分析的心理療法だと意識するようになっていったように思う。そして、理論や技法を知的に学ぶだけではなく、臨床の場で生じる情緒体験をさらに深め、より体系的な理論の習得が必要であるように感じ、自分にとって必要なトレーニングの場を模索するようになっていった。

以上が私個人の体験であるが、精神分析的心理療法を学ぶ人がどの程度まで種々のトレーニングにコミットするかは個人差があるように思う。しかし、他の心理療法のオリエンテーションに比べ、学会認定資格の取得を目指すことで、精神分析的心理療法を習得するためのトレーニングの道筋は見えやすいように思う。そして、ある程度、自分に合った訓練内容を選択できるというのは初学者にとっては親切なシステムであるように私は感じている。

それでは精神分析的心理療法のスーパーヴィジョンは他の学派のスーパーヴィジョンとどのように異なっているのか。個別のスーパーヴィジョンを示すこともできるが、本稿ではグループスーパーヴィジョンを例に、精神分析的心理療法の学びの特色を示してみたい。

第3節　グループスーパーヴィジョンの実際

松木（2010）は、精神分析臨床においてスーパーヴィジョンによる学び体験の中核にあるのはケースの読み方と介入の技法であること、そしてスーパーヴァイジーの個人的問題が扱われるべきは自身の個人分析であり、スーパ

ーヴィジョンの場ではないことをあげている。それはグループスーパーヴィジョンにおいても同様である。そして、グループでの学びは特に、グループの主催者やグループの構造に大きく影響を受けると考えられる。大森（2018）は、事例検討会のためのグループについて、主催者としての自身の体験から以下のような特徴をあげている。①メンバー同士が相互に影響し合い、学び合えること、②第三者に開かれる体験をもつこと、③グループ・ダイナミクスを体験し、ケース理解を深めること、④スーパーヴィジョンを巡るメンバー間の同胞葛藤に身を置き、感じ、考えることで成長すること、⑤心理臨床家としての横の繋がりの形成、である。これらの特徴は、他の学派のグループスーパーヴィジョンにはない特徴を有していると思われる。

　以下に、私のグループスーパーヴィジョン体験を提示する。グループのなかで生じてくる力動や、スーパーヴァイジーのなかで形成されるものの一部について、知ることができるだろう。なお、文中に出てくる事例やグループのメンバーについては、個人情報守秘の観点から本質を損なわない程度に加工をして提示している。

(1)グループの構造

　私が参加していたグループスーパーヴィジョンは、男性の精神科医であるA先生が主催するグループであり、私の他に、男性心理士であるBとCが参加していた。私はBとは別の研究会でも顔見知りであった。彼は私より年齢は下であったが、聡明であり、それまでに精力的に理論や技法を学ぶ姿を目にすることも多かったので、ともにグループに参加することでスーパーヴァイザーからだけでなく彼からも学べるものがあるだろうと考えていた。一方で、やはり私より年下で、心理職として経験の浅いCとは全く面識がなく、どちらかといえば、私が年長者として経験的に知っていることを伝え、何か役立つものを提供する側になるかもしれないと思っていた。そして彼からは、自分にはないような初学者特有の新鮮な視点をもらうことができるだろうと感じていた。

　また、これはBやCだけでなく、A先生に対しても感じていたことであるが、事例を提示することで私自身の臨床家としての至らぬ点や不出来な面を

知られてしまうのではないか、それを通してこれまで持たれていた何らかの
イメージが崩れてしまい、落胆されてしまうのではないかという不安や緊張
を感じていた。そのため、グループが始まることに多少の抵抗感もあった。
さらに、A先生とBは同じ職場で勤務していたため、二人の間では私の知ら
ない情報が多く共有されているのだろうという僻みや引け目のような感覚も
あったように思う。

　グループスーパーヴィジョンの構造は１回120分の枠であり、毎回２人の
事例発表者を決めていた。発表者は、同一事例の１ないし２セッション分の
逐語録を準備し、発表した。その報告後に、まず他の参加者が感想や気にな
る点を伝え、発表者とディスカッションをした。次に、A先生が事例の内容
やそれまでのディスカッションを踏まえてコメントを述べ、最後にフリーデ
ィスカッションになるというのが大体の流れであった。最初の時点で、Cは
継続ケースを持っていなかったため、私とBとで事例を提示していた。発表
者は同一の事例を提示し続けるため、事例の内容は参加者全員の記憶に残り
やすく、毎回、過去のセッションも踏まえての議論が可能となっていた。

　開始当初、私はBの発表を聞く際には、自分がクライエントの立場であれ
ばどのように感じるのか、セラピストであるBの立場であればどう感じるの
か、そして、やり取りを俯瞰して見るとそのセッションのなかでどんなやり
取りが生じていると考えられるか、などそれぞれの立場に身を置いて想像を
膨らませていた。そして発表者が報告し終えるまでには、何にせよとにかく
コメントを練り上げて、発言しないといけないという焦りがあった。限られ
た時間のなかで懸命に考えねばならず、自然に感想や意見が湧き上がるとい
った余裕はなかった。そのため、ただ報告を聞いての感想を伝えるだけにな
ってしてしまうこともあった。そうしたときには、「私の方が多少、臨床経
験も多く、年上なのに、こんなことしか言えず、役に立てていないし、他の
メンバーにも落胆されているに違いない」という不全感や不安があった。ま
た、自分が事例のセッションを提示するときには、BやCから新たな視点で
のコメントをもらうことも多く、「なるほどそういう見方もあるのか」とい
う感心とともに、「彼らのような視点に気づくことができないのは、まだま
だ知識も技術も不足しているからだろうし、経験年数に見合った実力が身に

ついていない」という無力感や悔しさがあった。そうした切磋琢磨の感覚は実はBやCにも別の形であったのではないか、と今では思う。

(2)事例の報告を巡って

私が報告していたのは、ある女性の事例であった。彼女は幼少期より両親の喧嘩が絶えない家庭で育ち、小学生時に突如、母親が亡くなって以降、彼女を取り巻く環境は一層過酷に感じられるものへと変質した。彼女は中学、高校、大学と進学し、安定した職に就き、結婚をし、子どもにも恵まれた。不自由ない生活を手に入れたにもかかわらず、「自分の大事な人は自分を大事にすることはないし、突然いなくなってしまう」というテーマが彼女のなかには色濃くあった。そしてあるとき、そのテーマが重なるような出来事が生じ、それを引き金に抑うつを呈した。彼女は私との心理療法のなかで、同様のテーマを展開し、私が突然いなくなり、彼女を置き去りにするという内容が夢や連想に繰り返し現れた。彼女はセッションの終了時や休みの前後には常に、私が突然いなくなってしまう恐怖を訴え、激しく混乱したが、直接的に私に激しい怒りのような陰性感情を表現することはなかった。

心理療法を開始して1年が経過しても、その状況が続いたため、私は重要な何かを取り扱えていないというまずさを感じつつも、その原因が何であるのか、どのようにすれば状況を打開できるのかがわからずにいた。そして、陰性感情に触れないための語りとして、しばしば性的接触にまつわる空想や連想が偽装された形で面接のなかに現れた。「朝方、暗がりのなか、先生が私の頭を撫でている夢」「いつものこの時間ではなく、夜中にこの部屋に来て先生と話している夢」などの報告がその一例であり、私には、性的関係と母子関係とのどちらもが連想されていた。私はそれらのイメージを持っていたが、グループスーパーヴィジョンでBやCは、むしろ他の不安や葛藤に着目することが多かった。そのため、私が過度に彼女に一方的に反応しているだけで、個人的な逆転移からクライエントに性的な空想を抱いているのではないかと、不安に感じることもあった。一方、A先生は私と同様のイメージを話していたので、私の持つ感覚に対して助言してくれることが自分の感覚のよすがとなっていた。

あるとき、私が逐語を報告するなかで、彼女が毎回、定刻の５分前に入室し、私もそれを当然のこととして受け入れていたことにはじめて気がついた。それは、他のクライエントにはしていないことであった。Ａ先生はクライエントの行動について、彼女が私の時間に侵入し、貪欲に奪おうとしていることの表れとして指摘し、そして私がその行動の裏にある空想を指摘しないことで、結果的に彼女の不安を強めているという理解を話した。私ははじめ、はたしてそうなのだろうかという疑念を抱き、Ａ先生の理解をすぐには受け入れ難く感じていた。しかしその後、ＢやＣからも侵入や貪欲さについて同様の意見を聞くなかで、あることに気づいた。それは、面接開始前の５分の間に、私は待機している奥の部屋で、大きな音を立てればクライエントに聞かれてしまうのではないかと不安になり、音ひとつ立てないようにと気を遣いながら待機していたということである。そして「彼女にも、開始間に心身を整える時間が必要だから仕方がない」とか、「早い到着について取り上げることで、彼女を不安にさせ、その介入そのものが彼女を現実にひどい目に合わせることとイコールとなるのではないか」と彼女の行動を合理化していた。私は、母親のように彼女の望まぬ現実を突きつける存在となることを恐れ、直面を回避していたのだった。

　その後、心理療法のなかで、私は彼女との間で定刻前の来室について取り上げた。彼女は、はじめ「時間前に来るのが社会人のマナーなのにそんなことも知らないのか」と私を強く非難した。そのうち、他の不満に感じていたやり取りについて激しく号泣して私を追及して罵り、開始当初より私が彼女の来室を拒み続けているという確信に満ちた空想を濃密に語るようになっていった。

　Ｂが報告していた女性の事例は、私の事例とは全く色調の異なるものであった。そのクライエントは長く勤務していた職場で、面倒を見てくれていた上司の異動を機に周囲との折り合いがつかなくなり、心身の不調を来していた。そして精神科の受診後に、Ｂとの心理療法を開始した。グループの場で語られる彼女のセッションでの交流の様子からは一見、自閉圏の特徴を有しているように見えた。しかし、典型的な自閉スペクトラム症とは言いがたく、

グループのなかでは彼女が本当に自閉圏であるのか、それとも、過酷な生育環境の影響から生じる精神病水準での混乱であるのかについて話し合われた。そして、それはどちらとも判断がつかないという結論に至っていた。また、Bの提示する逐語録には総じて奇妙な印象があった。それはクライエントの語りがセッションごとで異なる様相を見せるので、その繋がりが分断されてしまい、セッションを通じての流れが途切れてしまうように見えるというものだった。語られる内容も、職場、友人、家族と、誰といるかによって全く変わってしまい、語るクライエント自身もそのように体験していた。心理療法のなかでも、いかにセラピストに合わせることができるかという意識は強いようであり、「心理療法場面の自分」でさえも意図せず作り上げてしまうようであった。私はBの報告を聞きながら、どう振る舞えばよいかわからずに困り続けるクライエント、そしてそれに困惑するセラピストの姿を想像し、もし私がセラピストであったとしてもおそらくBと同じように、掴みどころのないこのクライエントにどのように向き合えばよいのか全くわからないだろうと感じていた。A先生はディスカッションを聴いた後で、Bに対して、クライエントへの関わりとして、言語の水準で理解を伝えていくのではなく、まず前言語段階の感覚水準を意識し、自分に生じてくる逆転移の感覚を用いて彼女と繋がることも試みてはどうか、と助言した。そうした助言は、BやC、そして私にもない新しい視点であったため、そのようにクライエントと関われば、彼女と情緒的に繋がれるかもしれないと希望を感じることのできるものだった。

　また、Bの報告するクライエントの語りには時折、気味悪く感じるものがあった。そのひとつが生き物の殺生にまつわるものであり、私は聞いていて生理的な嫌悪や不気味さを感じていた。それと同様に、B自身も逐語のなかで生々しい連想を報告することがあった。それは、直接的な表現ではないものの、性的な昂りや性交渉を連想させるようなものであり、私は聞きながら内心、非常に驚いていた。自分であればグループの場でそうした連想があったとしてもそこまで報告はしないだろう、とか、B個人の感覚を自己愛的に強引に持ち込まれるようで嫌だ、とか、さまざまな思いが湧き起こった。その一方で、もしこれが二者のスーパーヴィジョンであれば、自分も同じよう

に語っていたかもしれず、この違和感に似た感覚は二者の間で秘密裏に語られるはずのものを故意に聞いてしまうかのような錯覚から生じているのかもしれないと思い直した。そうするとさらに、生々しいBの逆転移の感覚こそがクライエントの感覚水準での体験を理解するうえで重要かもしれないと思い至り、私はBに先ほど感じた驚きを伝え、Bの生々しい連想について確認した。Bは「実は個人的な連想になるので、この場で言ってよいか迷ったけれども、何か必要だと感じたから報告したのだ」と語った。A先生はディスカッションを聴いた後で、Bが報告したものはクライエントの原始的な感覚にも通じるものであり、クライエントなりの原初的な対象希求の形であるかもしれない、と話した。そして、まだ言語的に十分な理解となり得ない、感覚的な「わからなさ」そのものを認め、共有することから始めることをBに提案した。Bは以降、さまざまな感覚をかきたてる彼女の語りをすぐさま知的に理解するのではなく、わからなさに踏みとどまり、ともに体験することを積み重ねるようになった。

　その後、Bの報告では、非常に緩やかにではあるが、クライエントのなかに、誰にも合わせることをせずにいられる、一貫性のある自分の感覚が生じ、それが語られるようになった。グループでは、そうした彼女の感覚がどの程度、維持されていくのかを見守りながら、クライエントとBとの間にある、感覚水準で体験されるものをさらに探究するためのディスカッションがなされた。

(3)グループのなかで生じていたこと

　時間が経つにつれ、グループの参加者がそれぞれに持っていた社会的望ましさの鎧は自然と脱ぎ捨てられたようであり、各自が思うことをより自由に話すことが増えた。グループに対する緊張や不安は和らいできたように私には感じられた。その結果、臨床に臨む際のスタイルだけでなく、グループスーパーヴィジョンに臨む各自のスタイルの違いも一層意識されるようになっていった。たとえば、参加者ごとで用意する逐語録の分量は異なっており（とくに指定があったわけではない）、さらにはセッションによってそれがどの程度増減するのかも違っていた。さらに内容についても、セッションの開始

時から退室時に至るまで、クライエントの発言や態度のどこに着目するのか、その時々で自身の内面をどのように観察しているのか、など一人ひとり異なっていたため、そうした違い自体、私にはとても新鮮だった。

また、A先生のコメントは、参加者のディスカッションを踏まえ、報告されたセッションのなかで取り上げられなかったポイントや、ディスカッションにはあがっていたもののもう少し理解を深める必要のある内容、そして参加者全員が気づいていないクライエントの心的世界、不安や葛藤の理解に関するものであった。A先生はそれを発表者に対して率直に質問し、発表者の意向を確認した後で、自分の一意見として語った。そうしたA先生が投げかける問いは、真摯に私のセラピストとしての姿勢を問うもののように感じられ、責め立てられるように感じるものではなかった。A先生はクライエントの代わりに、セッション内でのその瞬間に、そのクライエントにとって切実に、内的に理解されることを求めていたであろう情緒、そして、セラピーのなかで扱われなかったことで生じた不快や苦痛を参加者に伝えようとしていたようだった。私は、自分のセラピストとしての不甲斐なさに落ち込むことも多々あったが、A先生のコメントは自分が理解し損ねたことによってクライエントにいかに深刻な影響を与えていたのかについて真剣に考える契機となった。A先生からは臨床家として、精神分析的にクライエントと誠実に向き合い続ける姿勢のようなものも学んでいたように思う。

(4)参加者同士の関わりから得るもの

私は、BやCが逐語録に記載している内容に刺激され、それまでに自分が逐語録のなかで記載してこなかったものをより意識するようになった。そのため、クライエントと会う際にも、それまでになかった視点をもって観察するようになり、それらを試しに逐語録に盛り込むこともあった。そうした観察する視点の拡大はBやCにもあるようだった。

またA先生がコメントをする際に、ディスカッションのなかで出てきていたテーマや参加者の発言を支持したり、あるいは異なっていることを明確にして、内容に入っていくという姿勢の影響も大きかったように思う。A先生に発言を支持されるときには自分の見方に自信を持つことができ、加えてさ

らにどのような理解が自分に不足していたのかを学ぶことができた。逆に異なる場合には、異なる意見ながらも直接否定されるわけではなく、自分なりの見方がどこから出てきたのかを改めて振り返り、なぜスーパーヴァイザーの意見と異なったのかについて見直す契機となった。そうしたなかで、スーパーヴァイザーのコメントは必ずしも正しいわけではなく、むしろグループのなかで出てきた意見が優劣ではなく対等に吟味され、そしてなぜ同様の意見や対立する意見が現れたのか、グループ内での動きそのものがクライエントの内界の理解に繋がっているという視点を持ってディスカッションに臨むことができるようになった。

　そして、いくつかの事例を継続的に見ていくことで、それまでに経験していた単発の事例検討会では気づくことのできなかったものに気づけることがわかった。それは、継続的に逐語録を聴くことで分かる、いつもとは異なるクライエントの言動や、セラピストの反応である。私が発表者の場合にも、BやCから「そういえばこの人、普段こんなこと言いませんよね」「セラピストも今回は、どうしてこの介入をしているのかなって」などと指摘されて、気がつかされることも多くあった。単発の事例検討会であれば内容が非常にコンパクトにまとめられた状態のものを耳にすることになるので、事例提示者とクライエントとの限られた側面からの理解しかできないように思う。それに比し、継続的なグループスーパーヴィジョンでは、他の参加者のケースの経過を非常に詳細に、かつ俯瞰的に眺めることができ、クライエントの様子の変化やセラピストのケース理解や介入の変化についてもつぶさに観察し得る。その妥当性についても、発表者でスーパーヴァイザーや他の参加者の反応を見ながらリアルタイムで確認できるのがよいように思う。

　また、Bの報告のなかで生じていたような生々しさを伴う自由な連想や解釈が共有されることもひとつの特徴であるように思う。A先生はBの生々しい逆転移の感覚を、発言するべきではないものとして禁止するのでもなく、茶化すのでもなく、あるいはB個人で処理すべき空想として扱うのでもなく、ケースを理解するうえでの素材の一部として扱う姿勢を示した。そして実際に、クライエント理解のための素材として役立った形となった。グループの場は、参加者によって持ち込まれるさまざまな考えや情緒を抱える器として

機能するのだろう。はじめ私がBの報告に戸惑いや嫌悪を感じているが、それも個人の体験に留めるのではなく、クライエントのなかに生じている情緒に繋がり得るものとして見ていくことが重要である。したがって、参加者自身も各自が自分のなかにある生々しい体験に開かれていくうえで、スーパーヴァイザーがそうした報告をさまざまな可能性に開かれた素材として受け容れることでグループの器として機能しているともいえるだろう。このようにグループスーパーヴィジョンは、参加者間に湧き起こるさまざまな情緒や感覚がクライエント理解のための素材となり得ると、体験的に理解する場となるのである。

おわりに

　グループスーパーヴィジョンを一例に、精神分析的心理療法のスーパーヴィジョンの有する特徴について検討してきた。それは理論や技術を習得するための一方向的な学びというよりは、個々の内的体験や集団のなかで生じる体験を活用して、クライエントのこころを理解しようとする生々しさや実感を重視するものであり、その点で、他の学派のスーパーヴィジョンや事例検討会とは異なると考えられる。

　また、精神分析的心理療法は他の学派のトレーニングに比べ、その技法の習熟の難しさからより長期にわたる指導や、同じ文化を持つ集団のなかで学び続ける必要性があるように思われる。それは学ぶ者に無理強いされるものではなく、継続的に学ぶことが必要であると実感されるものである。人によっては「水が合う・合わない」の感覚の違いがあるだろう。

　そして、心理臨床において、内的世界の理解のための探究を目的とする精神分析的心理療法が適応となるクライエントは限られやすく、認知行動療法や行動療法に比べ、応用性は低いといえるかもしれない。そのため、実践に即座に役立つものではなく、適応となるクライエントが現れた際に実践するためのものである。しかし、精神分析的視点は人間の内界を幅広く理解するうえで非常に役に立つものであり、トレーニングによって時間をかけて自分

のなかに培われるものは、精神分析的心理療法の実践の有無にかかわらず、多くの臨床場面で長く役立つ、信頼できる武器にもなるだろう。

［文　献］

藤山直樹監修、大森智恵編著（2018）『心理療法のポイント—ケース検討会グループから学ぶ』創元社。

松木邦裕（2010）『精神分析臨床家の流儀』金剛出版。

山崎孝明（2021）『精神分析の歩き方』金剛出版。

第4章

家族療法におけるスーパーヴィジョン

布柴靖枝

　本章では、家族療法のスーパーヴィジョンの在り方について述べる。その
ために家族療法の発展の歴史やその世界観にも触れていく。究極のところ、
スーパーヴィジョンは心理療法の世界観をスーパーヴァイジーに伝えていく
ことと考えるからである。

第1節　個人療法から家族療法へ——家族療法の歩み

　まずは、家族療法の発展の歴史を概観してみよう。家族療法は、1950年頃
からシステム・サイバネティックス認識論を基に大きく発展した。それまで
は、こころの病いや症状の原因は、その患者個人の中にあると考えられ、個
の精神内界こそが治療のターゲットであった。しかし、入院中には安定し寛
解状態になるのに、退院すると再発を繰り返すケースが多く報告されるよう
になり、患者個人からその家族へと関心が向けられるようになった。この頃
より、個と個の集まりである家族を「全体としての家族（family as a
whole）」として捉え、有機体として統合性と求心性をもち、一定のホメオス

タシス（均衡状態を維持する機能）を保ちつつ、家族の同一性が維持されているという考え方が注目を浴びるようになってきた。なかでも家族療法の黎明期に活躍した Ackerman は、子どもを理解する手段として家族研究を始め、Bowlby が実験として行ったことを児童相談クリニックで実践に移した。その実践研究を通して、過去の家族との関係によって形成された「内的対象」が、現在の家族関係や夫婦関係に影響を及ぼすことを指摘し、世代を越えて伝達されていくことを示唆した（Ackerman 1958）。

　その後、家族を相互に規制し合い、影響を与え合うひとつのシステムとして捉え、家族システムの機能不全が家族員の誰かに症状や問題を引き起こすという仮説を基に、さまざまな治療が展開されるようになった。

　とくに Bateson らによる統合失調症の家族のコミュニケーション研究から見出されたダブルバインドの仮説（Bateson et al. 1956）は有名であり、症状を維持する家庭内コミュニケーションの悪循環を見出し、アプローチしていくコミュニケーション学派の基礎を築いた。一方、多世代学派に位置づけられている Bowen らは、「母子共生（融合）」が生じる背景には両親不和があることを発見し、母子共生（融合）という現象は、広い意味で家族システムの一片に過ぎないことに気づき、入院している患者の家族全員を対象とした療法を始め、三角関係化、情緒的遮断など多くの家族システムに多世代的に機能不全を起こすメカニズムを明らかにした（Kerr & Bowen 1988）。また、家族の構造（発達・機能・階層・サブシステム・連合等）に着目した児童精神科医の Minuchin は、学校や児童相談所で非行少年らを対象にした家族支援を通して独自の理論を展開し、家族療法に多大な貢献をした。彼のアプローチは、個人療法だけでは支援が難しかった、十分な教育が受けられず、多問題を抱えた家族の臨床実践から生み出されたものである。彼は、家族システムへのジョイニング、現象の見方を変えるリフレーミングなどの技法を駆使し、座る位置を変えるなどの「今・ここ」でのエナクトメントを通して家族の構造と機能を変え、問題を克服することを可能にする構造学派を生み出した（Minuchin et al. 1996）。

　1980年代に入ると、フェミニズムからの批判や、科学一辺倒を批判するポストモダニズムの潮流や社会構成主義の影響を受け、従来の科学が前提とし

てきた客観性に対する疑問が呈されるようになった。この中には治療者とクライエント関係のヒエラルキーに対する批判も含まれていた。このような潮流の中で、家族と治療者関係における協働的姿勢が重視されるようになり、家族をシステムの外部から独立したものとして観察される "observed system" と捉えるのではなく、セラピストも家族のシステムに影響を与える "observing system" であるというパラダイムにシフトし、セラピーのゴールは変化を起こすことよりも、変化を起こすためのコンテクスト（文脈）を作ることであることが強調されることになった。これらの考えは、1990年頃から発展する White と Epston によるナラティヴ・プラクティス（White & Epston 1990）、Anderson と Goolishian の対話モデル（Anderson & Goolishan 1992）、Andersen のリフレクティングプロセス（Andersen 1991）へとつながっている。自分自身を苦しめる物語を、生きやすい物語に書き換えたり、対話を通して、自然に問題が解消する支援をするナラティヴ・セラピーへと家族療法は変貌を遂げており、学派にとらわれない統合的な動きも生じている。また最近では、Third-order Perspective として、カップル・家庭内で生じる問題を社会的文脈から理解し、支援する「社会的公正」の概念を家族療法に導入する潮流も起こっている（McDowell et al. 2019）。

第2節　家族療法の訓練としてのライブ・スーパーヴィジョン
──重要な言語・非言語コミュニケーションの観察

　前節で述べたように、家族療法にもさまざまな学派と変遷があり、それによってスーパーヴィジョンの在り方も多岐にわたる。しかし、共通していることは、家族面接のライブ、もしくはビデオ録画を用いてスーパーヴィジョンを受けるという点であろう。そもそも家族療法は、複数の専門家がワンウェイミラーから家族面接を観察するという面接構造を持つため、その構造がそのままライブ・スーパーヴィジョンにもなりうるという特長がある。というのも、家族療法では、家族間での言語のやり取りのみならず、着席順、家族間コミュニケーションの親疎なども含めて、細やかに言語および非言語の

交流を観察し、コミュニケーションが家族内でどのように展開しているのかを観察することを重視しているからである。たとえば、ダブルバインドのコミュニケーションひとつとっても、言語メッセージと非言語メッセージの矛盾で表出されることが多く、たとえば言語レベルでは「いいよ」と言いながら、表情や非言語では拒否していることに着目する。この非言語的交流の部分は言語メッセージだけに焦点を当てていると見逃しがちである。また、ある母親が「うちの子どもは父親にそっくりなのです」と言った場合、言語的には子どもと父親が似ていることを情報として伝えてきているが、その背景にあるコンテクスト（文脈）によっては、メッセージの意味あいは大きく変わることになる。たとえば、両親の仲が悪い場合は、「子どもまで父親に似て、とても困った」という意味になり、両親の仲が良い場合は、「子どもも父親に似て嬉しい」という意味になりうる。このようにコンテクスト（文脈）やその時の言い方、表情などの非言語コミュニケーションが重要な手がかりになる。こういう手がかりを見つけるにはライブでのスーパーヴィジョンは極めて有効である。

　ちなみに筆者は、アメリカボストンにある大学附属病院のカップル・ファミリーセンターでトレーニングを受けたが、一日に３件ほど家族療法のライブ・セッションをワンウェイミラーを通して観察することができた。自身が担当するセッションをライブでスーパーヴァイザーが観察し、フィードバックをもらうという方法であった。そして、そのあとに小グループによるグループ・スーパーヴィジョンを受け、さらに週に１回、個人スーパーヴィジョンを受けるという、ライブ、グループ、個人の三つのタイプのスーパーヴィジョンを受けつつ家族療法を学ぶ機会を得た。スーパーヴァイザーは複数体制で、個人スーパーヴィジョンは１年ごとに変わるためにスーパーヴァイザーとスーパーヴァイジーの間で強烈な転移・逆転移関係が生じにくい守りの枠が確立していた。また、社会構成主義の影響も受けていたために、「唯一絶対の答えはない」「10人いたら10通りのものの見方が存在しうる」「多様なものの見方の中から新たなものが生み出される」という考えのもと、最終的にスーパーヴィジョンから何をセラピストが吸収し、学び取るのかは、スーパーヴァイジーが主体性をもって選ぶことができる訓練体制と風土が整って

いた。このように絶対的な正解を求めず、多様なものの見方を重視するために、異なるスーパーヴァイザーから全く異なる意見が出されても、スーパーヴァイジーとして混乱することは少なく、むしろ、家族をより豊かに理解していく手助けとなる体験であった。これらのトレーニングを通して、家族療法を学んだことで、筆者自身、リフレーミングに代表されるような現象に対して柔軟なものの見方を養い、困難な状況にあってもそれを逆手にとって創造的な変容をもたらすことができる家族の力を信じられるようになったといっても過言ではない。

　このようにライブやビデオを用いつつ、グループの中で多様な意見をもらうスーパーヴィジョンを受けることは家族療法を習得していくうえで大きく役立った。しかしながら、日本ではここまで恵まれた手厚いトレーニングを受けられるところは数少ない。よって、ライブ、ビデオを利用できない場合は、家族の言語によるやり取りばかりでなく、誰がどの順番で話し出したか、どのような席順で座ったか、家族員が語り始めると他の家族員はどのような表情で反応しているか、家族内のコミュニケーションの親疎などを丁寧に追いつつスーパーヴィジョンを行うことになる。言語によるやり取りのみでなく、非言語による交流の中には、語られない言葉を代弁するメッセージが含まれているため、その読み取りは家族療法ではとくに重要になる。

第3節　家族療法のスーパーヴィジョンで重視していること

　次に、スーパーヴィジョンを通してスーパーヴァイザーは主に何を見ているのか、家族療法の視点から紹介する。

　スーパーヴァイジーが獲得するものとして、①システム的なものの見方、②カップル・家族の発達、③学派の理論とコア概念、④ジョイニング、リフレーミング、ジェノグラムなどのスキルが必須になる。また、初学者からベテランまでスーパーヴァイジーの育ちのレベルによってニーズも変わるために、自ずとスーパーヴィジョンの内容は異なってくる。自信を失いがちな初学者の頃は、スーパーヴァイジーが理論と実際の家族療法がどのようにつな

がるのか、教育的要素が色濃い展開になるが、唯一絶対の正解を求める姿勢ではなく、多様なものの見方とアプローチについて考えられるような環境を整えることが重要である。たとえば、不登校という現象は、IP（Identified Patient：問題を抱えているとみなされている人）や家族を苦しめているものという捉え方もできれば、不登校になれる強さとも、家族を守るために大いに役立っているものとも理解できる。現象はものの見方次第でいかようにも多義的に捉えられることを理解できるようなスーパーヴィジョンをすることが求められる。とくに初学者は、なんらかの診断名を付けられたクライエントを、診断名で理解しようとする傾向があるが、そうではなく、診断名の陰に隠れたクライアントのユニークさをいかに発見できるかという視点も重要である。また、中堅・ベテランになってくるとスーパーヴァイジーのニーズに合わせて、スーパーヴァイジーの自律性を重視して展開されることになる。最終的に、①複数の家族員がセラピーに来ても家族システムにジョイニングし、家族とうまく関係づくりをしていく能力、②家族を統合的に見立て、家族のリソースを引き出しつつ、変化への支援ができる力を涵養していくことが目標となる。

　ちなみに家族療法家は、いつも家族全員と合同面接をおこなっていると誤解されている節もあるが、家族療法家はいつも家族全員に会うわけではなく、IP のみや、片親あるいは両親のみに会ったり、時に IP のきょうだいに会うこともある。とりわけ、IP のきょうだいからの情報は貴重で、家族の変容に大きなヒントを与えてくれるケースも少なくない。また、親と子どもの並行面接を取り入れることもあるが、スーパーヴィジョンは同じスーパーヴァイザーの下で一緒に行うことで、個人の理解だけでなく、家族システム全体の動きを見ることになる。家族面接の形態はどうであれ、共通して言えることは、目の前にいる個人やサブシステムの変化が他の家族員やシステムにどのような影響を与えうるのかを常に念頭に置いていることである。とくに親と子どもの並行面接を実施する際、親担と子担がそれぞれのクライエントに深くコミットすることから、親子関係に葛藤がある場合、セラピスト同士でもうまくいかなくなることも散見される。しかし、家族療法ではそういう体験も家族の見立てをするうえで重要な情報として捉える。つまり、セラピス

トが巻き込まれるくらいの葛藤を抱えている家族であるという理解が可能で
あり、セラピスト自身も家族の三角関係に巻き込まれてしまっているという
見立てにもなる。また、母親との愛着関係がうまくいっていなかった子ども
のプレイセラピーをする場合、担当セラピストが女性であれば、そのセラピ
ストと子どもとのラポールが築かれ、セラピーが深まれば深まるほど、母親
と子どもとの関係が一時的に悪くなる可能性があることは想定しておくこと
が大切である。母親の立場にたてば、セラピーを受けたことで、子どもが逆
に扱いづらくなったという理由で、セラピーの中断を起こしかねない。こう
いう場合、母親が家族システムの変化への抵抗を起こしている、という見立
てにつながる。このように変化に伴って生じがちな家族システムの変化への
抵抗を起こさないように、家族員の中で誰が抵抗を示す可能性があるかを見
立てつつ、セラピーが家族システム全体にどのように影響を与えるのかを常
に意識し、注意を払うことが重要である。さもなくば、良かれと思ってした
セラピストの関わり、「解決努力」が新たな「偽解決」となり、セラピスト
を巻き込んだ家族の悪循環を強めてしまいかねない。

　なお、並行面接をし、同じスーパーヴァイザーから親担と子担合同のスー
パーヴィジョンを受けるメリットは、親の変化が、子どもにどのくらいのタ
イムラグでどのような変化をもたらすのかをつぶさに見て取れる点であろう。
つまり、家族内で生じたことが、どのような形で子どもに影響を与えている
のかを丁寧に把握することができるというメリットがある。それによって、
その家族の変容のスピードや可塑性も理解しつつ、侵襲的にならず、無理の
ない形で、その家族のペースで家族全体を支援することができる。これらの
見立てが不十分であると、子どもの問題が解消するとさらに重篤な家族の問
題が浮上することもあるし、その症状が第二子、第三子へと移っていくこと
もある。すぐに変化をしたほうがいい事例と、ゆっくり変化をしたほうがい
い事例とがあり、その見立てをしつつ、家族全体の動きを見極め、根底にあ
る家族の機能不全を機能的なものに変化させていくことを家族療法ではター
ゲットとしている。

第4節　ジョイニングと見立て——仮想事例を通して

　次に、家族合同面接の事例を基に初学者に対する家族療法におけるスーパーヴィジョンの一例を紹介する。家族合同面接をする場合、最も難しいとされているのが家族へのジョイニングである。ジョイニングがうまくいかないと、家族は初期のうちに来談しなくなることもありうるので、家族療法における初回面接でのジョイニングは極めて重要である。個人療法であればクライエントとセラピストは１対１のラポールを形成することになるが、複数の家族が来所した場合、１対１のラポールを家族員全員と築くのは容易なことではない。とくに両親の関係がうまくいっていない事例では、父親とラポールを築くと、母親とのラポールを築くことが難しくなる。よって、個々と関係性をつくるだけでなく、家族の持っている暗黙のルールを読み解き、それにうまく合わせながら家族システムにジョイニングしていくことになる。では、面接の場面を見てみよう。

　家族療法では通常、①誰がゲートパーソン（門番）であり、②誰が最もセラピーへの動機づけが高く、誰が最も低いのか、③家族の関係性、これらの見立てをメインセラピストとサブセラピストの２名体制で行い、役割分担をしつつ、複眼的視点で関わることになる。

［初回面接場面］
主訴：中学２年生の男子（IP）の不登校
来談経緯：母親が情報を調べて、相談室に申し込みを行った。
家族構成：父親（中間管理職・多忙）　母親（主婦・過干渉）　IP（中２・優しいが寡黙で喘息持ち）　弟（小学校５年生・活動的）

　家族一同が面接室に入ってくる。セラピストは自由に椅子にかけるように勧める。母親が一番先に入室する。入り口の近くに座ろうとする父親に対して、母親は「お父さん、そんなところに座らないで……ここにかけさせてい

ただいたら……」と部屋の上座にある大きな椅子に座るように指示をした。父親は言われるがままに、その椅子に腰かけた。弟・父・IP・母の順に座る。IP は硬い表情で、弟は興味深そうに部屋の中を見渡しながら椅子に腰かけた。母親が開口一番、眉間にしわを寄せ、「この人（父親）、なかなか来てくれなかったのですが、今日はやっと休みをとってもらえて……」と話し出すと、父親は一瞬、不快そうな表情を見せた。

　母親が、夫が子育てに関わってくれないことに対して不満を述べ出すと、弟は「また始まった」という顔をして父親の顔を見た。父親も苦笑いをしながら弟と顔を見合わせた。しばらく母親の話を聞いていたが、母親の父親への不満の語りが続き、ついに父親は、「お母さんが、口うるさいんでしょ！」とイライラした声で発したため、面接室内に緊張が走った。すると、IP は喘息の発作の咳をし始めた。苦しそうな咳をする IP の姿を見て、夫婦の関心は IP への気遣いに向かった。咳が収まったところで、母親は続けて IP について、「この子はいつまでたっても身体が弱く、『お母さんも、お父さんもこの先どうなるかわからないから早く健康になって自立して頂戴よ』」と伝えているのだと話した。また、「IP は優しく、いつも黙って私（母親）の話を聞いてくれる可愛い子どもなんです」とも語った。弟はこの一連のやり取りを、いつものことのように冷ややかな様子で眺めていた。

　この場面は、面接開始30分以内で生じているやり取りと想定していただきたい。家族全員が来談すると、短時間でさまざまな情報が飛び込んでくる。これは、IP が置かれた家族の日常生活に近い状況が展開されているともいえ、日常の姿がリアルに見て取れる点は、家族療法の強みともいえる。一方で、さまざまに展開する家族交流を瞬時に見立てて面接を進めていくことが求められるために、とくに初学者にとって最も難しく、緊張を強いられる場面となりうる。

　では、次に見立てのポイントについて述べていこう。なお、現象は、本来多義的なものを含むため、ここで示すものは、あくまでもひとつの仮説として捉えていただきたい。

(1)誰がゲートパーソン・決定権を持っているか？

　家族システムは一定のバウンダリー（境界）を持っている。外の世界とつながり、情報のやり取りを行う人をゲートパーソンと呼ぶ。まさに門番である。門番の人がドアを開けない限り、家族システムは外に開かないことになる。この事例の場合は、相談窓口を調べてアクセスしてきた母親がその役割を担っている可能性が高い。また、この家族は、どのように物事を決定していくかを知ることにより、家族の決定プロセスと決定権者を見立てることができる。たとえば、最初にカウンセリングに来ようと思った人は誰か、そして、家族でどのような話し合いをして家族全員で来ることを決めたのかを知ることにより、この家族の決定プロセスのパターンを知ることができる。ゲートパーソンと決定プロセスや最終的な決定権者は、家族システムの変容プロセスに大きな影響力を与えることになるために、その人を見極めることも重要になる。初回面接の際、ゲートパーソンや決定権者とのジョイニングはとくに重要になる。逆に決定権者がいない場合、家族はいつも混沌とし、物事が堂々巡りをしてしまうことを示唆しており、そういう場合は、家族のルールの明確化を支援していくことが家族システムの機能を促進するために重要なターゲットにもなる。本事例では母親がゲートパーソンであり、決定権者である可能性が高いと思われるために、ジョイニングの際には母親が示す暗黙のルールを破らないように丁寧にジョイニングする必要がある。

(2)家族の暗黙のルールを尊重する

　家族のルールは言語化されておらず、暗黙の知として共有されていることが多い。暗黙の家族のルールを読み解き、そのルールにセラピストが寄り添っていくことは家族にジョイニングしていくときに極めて重要である。暗黙のルールに抵触する言動をセラピストがとってしまうと家族システムから抵抗が起こり、家族合同面接がうまくいかなることがある。本事例の場合、母親がゲートパーソンの役割を担い、家族員への影響力も大きいと考えられるが、その母親が父親を上座に座らせようと指示しており、父親を立てようとするルールを暗黙に持っていることが見て取れることから、母親が立てている父親への対応も丁寧に行うことが求められる。また、この両親は、伝統的

性別役割分業意識に強く影響を受けている可能性もあることがうかがえる。

(3)IP の症状が意味すること

　本事例の場合、両親間葛藤が高まったときに喘息の発作が出現していることから、IP の症状の背景には、両親間葛藤が影響している可能性があると見立てられる。父親と母親の間に着席していることからも、IP は両親間葛藤に巻き込まれており、IP の喘息発作は、こころの葛藤の身体化であると同時に、両親間葛藤を緩和することに役立っていると仮説を立てることができる。実際、喘息の発作が生じることで、両親の関心は IP に対する気遣いへとシフトし、両親間の緊張が一時的に緩和され、両親間の見せかけの連合（迂回連合）が生じており、両親間関係の調整を図ろうとする役割を担っているともいえよう。

(4)ダブルバインドのコミュニケーション

①母親－IP 関係

　母親は IP に対して、早く自立してほしい（大人になれ）、というメッセージを出す一方で、いつまでも母親の話を聞いてくれる子どもであれ、という矛盾したメッセージも出している。つまり、IP は、自立を促されながらも、可愛い子どもであることも期待されていることになる。また、「お母さんもお父さんもこの先どうなるかわからないから早く自立して頂戴よ」というメッセージは、両親の不和を見てきた IP にとっては、IP が自立したら離婚するかもしれない、というメッセージにも受け取れる。このことから、言語メッセージでは自立を促されながらも、自立すると親が離婚に至るかもしれないという IP にとって望ましくない結果を引き起こす可能性もあるというダブルバインドのコミュニケーションになっていることが見て取れる。ダブルバインドの状態に置かれた側は、矛盾するメッセージを投げかけられるために混乱し、しかもどちらのメッセージに従っても不本意な思いをすることになり、無気力に陥りやすい。

②両親間の関係と父親と弟の連合

　父親は母親に言われてカウンセリングに来たのかもしれないが、時間を作

ってようやくセラピーに来られたにもかかわらず、面接室の中で愚痴を浴び せられる体験をしていることから、来談してもしなくても、嫌な思いをする ダブルバインドとなっている可能性が見て取れる。また、母親が父親に対す る不満を述べ始めると、弟と父親が「また始まった」と言わんばかりの表情 で顔を見合わせていることから、父親と弟の間に「連合」が生じ、母親に対 抗する構造が生じていることがうかがえる。そのため母親は家族内で孤立感 が増し、ますます攻撃的に父親に不満を向けるという悪循環が生じている可 能性が高いと仮説を立てることができる。しかし、このように母親が父親や IPにダブルバインドをかけてしまう背景に、ワンオペで子育てを担ってき た母親の多重役割や、仕事の忙しさを理由に家事育児を手伝ってくれない父 親への不満や寂しさがあるという仮説も立てられよう。事例の両親間の葛藤 は、社会的文脈からみると、このカップル・家族特有の問題というよりも、 父親の長時間労働、母親の家事・育児・介護の多重役割の中で高度経済成長 期を支えてきた、この時代の多くの家族が体験してきたものであるともいえ よう。いわば、昭和モデルの社会的文脈の中で、避けがたく生じた両親間の 葛藤として共感的に理解することができる。このような見立てのもと、セラ ピストはアプローチしていくことが求められる。

　この事例の場合、硬直化し悪循環を引き起こす家族の交流パターンに揺る ぎをかけるために、たとえば、「忙しい父親にかわり家を守り、子どものこ とをよく観察し、最善策を考えようとしている愛情深い母親」「父親もいざ となったら、忙しい仕事を調整して家族のために来てくれる存在」「両親想 いなIP」「客観的によく見ている弟」等のリフレーミングを行うことも可能 であろう。これらの介入を通して、新たなものの見方を伝えることで、家族 内の悪循環のコミュニケーションに変化を起こすきっかけ作りの働きかけを していくことになる。

(5)家族のリソースの発見

　家族療法では、家族内で生じている悪循環や、機能不全を起こしている家 族の構造にアプローチしていくが、同時に家族が持っているリソースの発掘 にも力を入れることになる。本事例の場合、①来談へのモチベーションは家

族員でばらつきはあるものの、家族全員で来談できる力を持っていることから、いざとなれば協力できる素地がある家族、②両親間葛藤はあるものの、最終的には母親の意見を取り込もうとする父親、③期待があるからこそ文句を言える妻、④メタなポジションから家族を冷静に見ている弟、⑤自ら喘息発作などの問題を抱えることで家族内のバランスを取ろうとする力を持つIPというように、この家族がさまざまなリソースを持っていることがわかる。このように家族のリソースを引き出すことにより、家族が本来持つ自己治癒力や健全なホメオスタシスを引き出すことを手伝うのがセラピストの役割になる。

(6)本事例のジョイニングのポイント

　以上の見立てに基づき、家族のルールに従いながら、家族にジョイニングしていくことが求められる。母親は父親に諸々不満はあるものの、面接室の上座にある椅子に座ることを指示したり、父親を立てようとする行動がみられる。また、父親に積極的にかかわってもらいたいという期待の表れとも捉えることが可能である。こうしたことから、セラピストは父親にまずは挨拶をしつつ、その陰で努力している母親へのねぎらいの言葉もかけていくことが重要である。また、父親は、母親のコントロール欲求の強さに辟易としつつも、母親の期待に沿おうという気持ちがあることを示していると、セラピストからフィードバックすることも有効であろう。全員揃ってセラピーに参加したということ自体が、家族で力を合わせて家族の危機に取り組もうという姿勢を表していることから、「お互い思いやりのある家族」というフィードバックも可能であろう。さらに、「忙しいお父さんも時間をとってくれて、家族がこうして全員で集まって話ができる機会を作ってくれたのも IP のおかげかもしれない」と、IP の症状そのものをリフレーミングすることも可能であろう。以上、ジョイニングの例を出したが、ジョイニングがうまくいくと、家族の健全な関係性を構築し、強みを引き出しながら面接が展開するので、家族が自主的にさまざまな工夫をしてくれるようになることが多い。そうなると、家族療法家はその動きに乗り、見守り役として、肯定的変化を支援していく支援を主に行うことになる。

第5節　家族の統合的な見立て

前節では、家族療法の中でもシステム的な見方の特徴を述べてきた。統合的な視点からは、家族療法で最も重視するシステムの見立てのみならず、①個人の精神内界の見立て、②世代間伝達の見立て、③社会的脆弱性と公正の視点の見立てと理解も重視している。

(1)世代間伝達の見立てとジェノグラム

世代間伝達に関して理解する場合、ジェノグラムの作成が有効である。なぜ今の自分や家族がこうあるのかを紐解いていくことに大いに役立つ。精神的症状の発症のメカニズムを、病的共生関係（融合）の三世代以上にわたる世代間伝達であることを指摘したのが、家族療法の多世代学派の基礎を築いてきた Bowen らである（Kerr & Bowen 1988）。ジェノグラムは家族療法家の多世代学派が生み出した手法ではあるが、その便利さから学派を超えて利用されるようになった。本来のジェノグラムは三世代以上の家族図を指し、一人ひとりがどのような性格でどのような人生を送ったのかを丁寧にみていくことになる。三世代以上のジェノグラムを作成すると、その家族のパターンや、家族神話（その家族の価値観を縛る物語）、家族が抱えてきたこころの負債や、家族の強みを読み解くことができる。

ジェノグラムを身に着け、読み解けるようになるためには、まずはスーパーヴァイジー自身が自らのジェノグラムを作成することが必須になる。しかし、ジェノグラムを作成することは自分自身の人生だけでなく、親世代や祖父母世代の人生にも向き合う作業になるために、かなりの心的エネルギーを要する作業になる。よって、過去に複数のトラウマを経験している場合や、抑うつ的になっている場合は、ジェノグラムをセラピーに導入することは慎重にすべきである。ジェノグラムの導入もクライエントの過去と向き合うこころの準備性と強さがないと危険であるし、たとえジェノグラムを作れても、表面的な理解にとどまってしまうことになる。

(2)周縁化され、社会的脆弱性を抱える人の理解

　ジェンダーの問題、文化、パワーの問題に感受性を高く持つことも要求される。システムは階層を持ち、下位システムは上位システムから大きく影響を受けている。とくに優越的パワーのもとで劣位に置かれて周縁化されてきた女性、子ども、ひとり親家族、高齢者、障害を持つ人々、LGBTQ、移民、民族、貧困者、これらの問題を複合的に抱えてきた交差性の問題を抱える人たち等の社会的弱者として追いやられてきた背景も理解しておく必要がある。DV、両親間葛藤等、カップル関係や家族関係において生じる問題を社会的文脈の中から理解する視点を持つことで、個人的に抱えてきた罪悪感を社会的文脈の中で昇華することが可能になる。これらの視点は、Bateson の「システムのシステムを可視化する third-order learning」(Bateson 1972)、Nagy の「破壊的権利付与」、フェミニストの視点にも通底している視点で、家族システムの上位システムである社会というパワーからの影響について社会的公正の観点から理解することもクライエント理解に大いに役立つ（布柴2020）。

第6節　家族療法のスーパーヴァイザーとしての姿勢

　スーパーヴァイジーは、スーパーヴィジョンを通して、家族療法の世界観を学ぶだけでなく、スーパーヴァイザー個人の世界観にも大きく影響を受けていることを忘れてはならない。スーパーヴィジョンは、よって立つ理論と臨床観ばかりでなく、スーパーヴァイザーの持つ人間観、世界観をも意図せずに伝えてしまう作業と言っても過言ではなかろう。

(1)家族療法の世界観

　家族療法では、直線的な因果律的な見方ではなく、原因と結果は相互に影響を与え合うという円環的（システム的）なものの見方をする。「原因⇒結果」という直線的な因果律で解釈しようすると、病理的な母親または父親が原因と、犯人探しをする落とし穴にはまる。そうではなく、原因と結果は相

互に影響し合うという円環的な視点から、症状を維持する悪循環を見つけ出し、その関係性に変化を起こしていくことがターゲットとなる。また、「問題が問題なのであり、人が問題なのではない」という考え方から、家族は問題を起こす原因ではなく、問題を乗り越えるための協働者であり、リソースであるという考え方を重視する。さらに、クライエントの診断名に縛られることなく、「○○という症状のある人」「○○という問題に苦しんでいる家族」と理解することで、問題の外在化を行い、診断名というラベリングで見えなくなっていたその人のユニークさを引き出しつつ、IP を含めて家族全員で問題に対して協働して取り組む姿勢を促進する。「解決策はすでに家族が知っている」（de Shazer 1985）という解決志向アプローチの基本姿勢や、クライエントこそが自身が抱えている問題に対する専門家であるという理解に基づき、セラピストは「無知（not knowing）の姿勢」で、家族に教えてもらう構えで向き合うことが大切で、その結果、治療的対話を通して問題は解決するのではなく、解消していくものなのだという Anderson と Goolishan の言葉に代表される世界観を家族療法は持つ（Anderson & Goolishan 1992）。家族の強みとなるリソースを引き出し、家族自らが動けるように、家族システムや家族の持つ物語を自ら書き換えていくことができる環境・コンテクスト（文脈）を整えることを重視している。

(2)スーパーヴァイザーの世界観

　家族療法に限らず、スーパーヴァイザー－スーパーヴァイジー関係において共通して生じる現象と言えることだが、スーパーヴァイジーは、スーパーヴァイザーの言動や振る舞いを通して、スーパーヴァイザーの世界観や臨床家としての姿勢も学んでいることを忘れてはならない。とくに初学者でスーパーヴァイザーへの憧憬とモデリングが強い場合は、その傾向が強く生じる。スーパーヴァイジーは、スーパーヴァイザーのクライエントや家族に向き合う姿勢、対人関係の持ち方、ひいては人間観、死生観も含めて、スーパーヴァイザーのさりげない言動から取り込んでいる可能性がある。これはスーパーヴァイザーが意図せずに生じることであり、十分に気をつけなければならないことである。とくに、日本においては、スーパーヴァイザーとスーパー

ヴァイジーがスーパーヴィジョン以外でも会うことがよくある多重役割になっていることが多く、より一層の注意が必要である。たとえばスーパーヴァイザーが、他学派の人へ排他的な姿勢をとると、スーパーヴァイジーも同様にその考えをモデリングしていくことになる。たとえそれをスーパーヴァイザーが意図していなくても、スーパーヴァイザーの人間関係や代理戦争にスーパーヴァイジーを巻き込むことになり、あってはならない倫理違反になりうる。また、同じスーパーヴァイザーから指導を受けているスーパーヴァイジー同士が、どちらがより大切にされているかを争うようなシブリングライバル（きょうだい葛藤）を持たないような配慮が求められよう。

　以上、スーパーヴァイザーはスーパーヴァイジーに対して持つパワーを十分に自覚し、スーパーヴァイザーが思っている以上にパワーを持ち影響力を与えていること、そして、さりげない言動や振る舞いを通してスーパーヴァイザーの世界観をもスーパーヴァイジーに伝えていることを自覚する必要がある。

第7節　家族療法におけるスーパーヴァイザー資格認定制度

最後に家族療法における日米のスーパーヴァイザー制度について紹介する。

(1)アメリカ結婚・家族療法協会（American Association of Marriage and Family Therapy：AAMFT）認定スーパーヴァイザー制度

　AAMFT のスーパーヴァイザーの資格認定は歴史が長いことから成熟した制度ができており、審査項目の明確な基準を設けている（表4-1）。申請資格要件は、博士課程を修了している場合などで若干異なるが、スーパーヴァイザー経験が5年未満の認定スーパーヴァイザーの候補者の場合の申請要件について示すと、① AAMFT 会員であること、②30時間の基礎コースを修了していること、③最低18か月間の研修期間中に180時間のスーパーヴィジョン（1か月あたり約10時間）を受けていること、④最低18か月間の研修期間中に36時間のメンターからのスーパーヴィジョン指導を受けていること、⑤

表4-1　アメリカ結婚・家族療法協会（AAMFT）認定スーパーヴァイザーの審査基準

Ⅰ　SVor としての学習目標

結婚・家族療法のスーパーヴィジョンの主要なモデルについて、その哲学的前提を含め熟知しているか

既存のスーパーヴィジョンモデルや自分が好むセラピーのスタイルから導き出された個人的なスーパーヴィジョンのモデルを明確に示すことができるか

セラピストとクライエント、SVor とセラピストが共に発展してくことを促進しているか

セラピストとクライエント、SVor とセラピストとクライエントの関係における問題を評価し、特定できるか

さまざまなスーパーヴィジョン様式（たとえば、ライブやビデオテープによるスーパーヴィジョン）の中でスーパーヴィジョン介入を実施することができるか

スーパーヴィジョンにおいて生じる特有の問題に対処できるか

文化、ジェンダー、民族性、経済など、権力（パワー）や特権の背景に高い感受性をもっているか

スーパーヴィジョンに関する倫理的・法的問題について知識があるか

AAMFT の申請者をスーパーヴィジョンするための要件と手順を理解しているか

Ⅱ　スーパーヴィジョンの個人的評価

文書や契約を含む、スーパーヴィジョンの目的と目標の明確化

スーパーヴァイザーの役割と関係の明確化

スーパーヴィジョンに影響を与える個人的・職業的経験を認識しているか

望ましいスーパーヴィジョンのモデルと、自身のセラピーモデル・スーパーヴィジョンモデルの関連性

研修生の発達段階、研修環境、文化、民族性、人種、性的指向、年齢、性別、経済状況など、背景的要因に敏感であることの証拠

望ましいスーパーヴィジョンのプロセス（個人／グループ、ライブ／オーディオ／ビデオ／技術支援、頻度、評価）を明確にする

倫理的・法的要素に対する感度の高さを証明する

AAMFT 会員資格の要件、規制要件、および認定スーパーヴァイザーの基準を理解していること

Ⅲ　SVor としてのスキルの評価

セラピストのスーパーヴィジョンに対する外部システムの影響（たとえば、制限やリソース）を認識しているか

スーパーヴィジョンにおいて、文脈的配慮（民族性、文化、ジェンダー、性的指向など）における権力（パワー）と特権を意識しているか

セラピスト／研修生（SVee）とのスーパーヴィジョン関係の開始時に、スーパーヴィジョンに関する明確な契約を取り交わしているか

スーパーヴィジョン開始時にセラピスト（SVee）のスキルレベルについて話し合い、セラピストの対人スタイルを評価しているか

スーパーヴィジョンのプロセスの構造について説明しているか、具体的な目標を明確にしているか

セラピスト／研修生（SVee）との明確かつ適切な職業上の境界線と倫理的行動を維持しているか

支援的な学習環境を作り、SVor の模倣を助長するのではなく、セラピストの成長と創造性を高めているか

セラピストが自分の未熟な部分や不快な部分を認識するのを助ける方法を持っているか

セラピストの変化を促進し、成長を促すためにさまざまな方法を用いているか

セラピストの発達段階を考慮しているか。また、それぞれの段階に合わせたスーパーヴィジョンをしているか

SVee やクライエントの変化、SVee の現在の能力などスーパーヴィジョンの進捗状況を評価し、セラピストとして将来の成長のための提案をしているか

SVor としての自身の成長について言及し、SVor としての将来の成長を促進するために取る行動を明らかにしているか

AAMFT：Approved Supervision Designation: Standards Handbook Effective June 2021: Version 2（March 2023 Updates）を筆者翻訳。スーパーヴァイザー：SVor、スーパーヴァイジー：SVee とした。

申請前の２年間に、少なくとも90時間のスーパーヴィジョンと18時間のメンターによる指導を修了していること（AAMFT 2021）である。

　また、AAMFT は、倫理綱領を９項目設けており、基準Ⅳに「学生とスーパーヴァイジーに対する責任」として「学生やスーパーヴァイジーを搾取してはならないこと、性的な関係の禁止、学生やスーパーヴァイジーにセラピーを提供してはならないこと、学生やスーパーヴァイジーに能力を超える専門的な仕事をさせてはいけないこと、多重関係をさけること、守秘義務、書面での合意を原則とすること、スーパーヴィジョンの料金に関して公正に決定すること」（水野 2015）が示されている。

(2)日本家族療法学会認定スーパーヴァイザー制度

　日本における家族療法の認定スーパーヴァイザー制度は、一般社団法人日本家族療法学会によって認定されている。アメリカの AAMFT のスーパーヴィジョンの制度を参考にして作られたものであり、当学会の「認定スーパーヴァイザー」資格要項の中で、スーパーヴァイザーの定義と責務に関して、以下の６点を挙げている。すなわち、①家族療法の主要な複数のモデルに関する知識に精通し、それらの前提となっている理念およびセラピー実践上での意義をスーパーヴィジョンの過程において示すこと、②自らの主たるスーパーヴィジョンのモデル及びセラピーのスタイルについて明確に示すこと、③スーパーヴァイザー・セラピスト（臨床家）・クライアント（家族）の"世代間"関係システムに関する認識のもと、スーパーヴァイザー・セラピスト（臨床家）関係とセラピスト・クライアント（家族）関係が同時に発展していけるようにできること、④多様なスーパーヴィジョンの形態（例：ライブ、ビデオ、ウェブもしくは個人、グループ）に応じて、それらを構造化し、問題の解決を引き出し、そのための必要な介入ができること、⑤スーパーヴィジョンにおける文化、性、人種、経済など社会的文脈の諸要因に対する感受性をもつと同時に、倫理的及び法的な諸問題について理解しておくこと、⑥スーパーヴィジョンの実践にあたっては、以上のスーパーヴィジョンにおける固有の諸課題を、常に適切に明らかにできること、である。

　また、申請条件を満たしていれば、医師、公認心理師、臨床心理士だけで

なく、看護師、保健師、社会福祉士、精神保健福祉士、児童福祉司、作業療法士、学校教諭、家庭裁判所調査官、保護観察官、法務教官などにも資格取得を認めるものとなっている。

おわりに

　以上、家族療法のスーパーヴィジョンについて紹介した。個人療法と家族療法は、パラダイムが異なるところから、ともすると個人療法と家族療法の考えが水と油のように捉えられてしまう節もある。しかし、統合派の立場から見ると、個を援助することは家族を支援することであり、家族を支援していくことは個を支援していくことに他ならず、これらのパラダイムは矛盾するものではなく、両立しうるものと考えている。それを難しいと思っているスーパーヴァイジーが、セラピーの中で両者を矛盾することなく取り入れることができるようになるよう、スーパーヴィジョンしていくことが求められることになろう。個人療法と家族療法の強み弱みを相互に補完し合うことで、これらの間にあるバウンダリーは自ずと消えていき、セラピストとして個人と家族、さらなるラージャーシステムを支援できる幅が広がると確信している。

［文　献］

AAMFT, 2021, *Approved supervision designation: standards handbook.*

Ackerman, N.W., 1958, *The psychodynamics of family life: diagnosis and treatment of family relationships.* Basic Books.

Andersen, T., 1991, *The reflecting team: dialogues and dialogues about the dialogues.* W.W. Norton.

Anderson, H. & Goolishian, H., 1992, The Client is the expert: a not-knowing approach to therapy. McNamee, S. & Gergen, K.J. (eds.), *Therapy as social construction.* pp.25-39, Sage.

Bateson, G., 1972, *Steps to an ecology of mind: collected essays in anthropology, psychiatry, evolution, and epistemology.* Jason Aronson.

Bateson, G., Jackson, D.D. & Haley, J.H. et al. 1956, Toward a theory of schizophrenia. *Behav Sci* 1(4): 251-264.

de Shazer, S., 1985, *Keys to solution in brief therapy.* W.W. Norton.

Kerr, M.E. & Bowen, M., 1988, *Family evaluation: an approach based on Bowen theory.* W.W. Norton.

McDowell, T., Knudson-Martin, C. & Bermudez, J.M., 2019, Third-order thinking in family therapy: addressing social justice across family therapy practice. *Fam Process* 58(1): 9-22.

Minuchin, S., Lee, W.-Y. & Simon, G.M., 1996, *Mastering family therapy: journeys of growth and transformation.* John Wiley & Sons.

水野修次郎（2015）「家族カウンセリング倫理─個人と家族に会うときのコンフリクト」日本家族心理学会編『個と家族を支える心理臨床実践Ｉ』125頁、金子書房。

日本家族療法学会ホームページ「認定スーパーヴァイザー」資格要綱（https://www.jaft.org/wp-content/uploads/2020/05/%E8%AA%8D%E5%AE%9A%E3%82%B9%E3%83%BC%E3%83%91%E3%83%BC%E3%83%B4%E3%82%A1%E3%82%A4%E3%82%B6%E3%83%BC%E8%B3%87%E6%A0%BC%E8%A6%81%E7%B6%B1.pdf）〔2023年10月22日閲覧〕

布柴靖枝（2020）「性やジェンダーを背景として生じる暴力」『家族心理学研究』33巻２号、118-122頁。

White, M. & Epston, D., 1990, *Narrative means to therapeutic ends.* W.W. Norton.

第 II 部

多様な
現場における
スーパーヴィジョン

近年、心理臨床実践の現場はさらなる広がりを見せている。当然、現場の違いによってスーパーヴィジョンにも違いが生まれることになるが、そうした多様性はこれまでむしろ逸脱として否定的に扱われてきたところがあったのではないだろうか。正しいスーパーヴィジョンというものは存在しない。現場の違いによって臨床の在り方が異なるように、どのようなスーパーヴィジョンが現場に即したものか、その工夫が考えられるべきであろう。

　そこで、第Ⅱ部では現場の違いによるスーパーヴィジョンを検討する。まず第5章では、医療現場での豊富な経験を持つ森一也による論考を取り上げる。そこではとくに医療現場での実習指導が具体的に検討されるが、これは臨床家の育成という点で重要なものである。さらに第6章では教育現場でのスーパーヴィジョンを取り上げる。一口に教育現場といってもスクールカウンセラーと学生相談では対象となるクライエントの発達段階や現場の構造が大きく異なる。そのため、スクールカウンセラーについては森岡理恵子と久保薗悦子が、学生相談については枝川京子が担当する。いずれもがそれらの臨床領域で経験を積み重ね、研究を続けている人たちである。最後に第7章ではパイオニアとして警察で臨床に取り組んできた保﨑恵理子が司法領域でのスーパーヴィジョンを論じる。

　読者にとっては、自分が関わる現場からの報告はもちろん、異なる現場における工夫や奮闘もまた参考になることだろう。

第 5 章

医療現場における実習指導
—— 「型」を知り、体験を通して学ぶこと

森　一也

第1節　スーパーヴィジョン学からみた病院実習指導

　現在、医療は心理士・師（以下、心理職）の約4割が勤務する、最も大きな職域である（黒木・村瀬 2018）。近年、公認心理師制度が成立し、大学院だけでなく、学部の学生に対しても学外機関における実習が義務づけられ、医療における学びが必修化された。日本心理臨床学会大学院カリキュラム委員会（2001）においても、病院実習の必修化に向けた提言がなされている。

　筆者はこれまで、医療領域で心理臨床の仕事に従事し、そこで、実習指導に携わってきた。昨今、多職種連携の重要性が謳われ、心理実習のうえでも「連携」を盛り込むよう、盛んに求められるようになった。実際に、公認心理師制度ができ、医療において多職種から向けられる期待も高まりを見せている。その中で、チーム医療への理解、連携技術の習得は、これからの心理職にとって重要な課題であるだろう。しかし、時代変化に伴う強調点の違いはあれども、心理実習で学ぶべき基礎は大きく変わらない。その中軸は、スーパーヴィジョン学において涵養されてきた「事例に機能するこころ」（皆藤 2014）にあると筆者は考えている。「事例に機能するこころ」とは、スー

パーヴァイジーの「語りの背景にある事例におけるクライエントと心理臨床家の『関係の振動・揺らめき』」に寄り添うことである。また、高橋（2014）は、スーパーヴィジョンを通し「体験から学ぶ」ことの意味について、次のように述べている。「スーパーヴィジョンにおける『学問』は、あらかじめ到達点が『枠組み』として示されているものの、学派やさまざまな現場で活動するスーパーヴァイジーの幅広い体験の質などに共通した目標があるわけではない。ここでいう『枠組み』として示されているものは、これまでのわれわれの検討から理解されてきた道筋——学ぶものの姿勢を重視し、学ぶものと教えるものとの間の関係——が重視される在り方から育まれてくる」という。

　かつて、筆者自身が実習を経験した頃、ただ何もせず病棟に滞在し、その感想を後で指導者と語り合うという実習を聞いたことがあった。当時、筆者には、その意味がよくわからなかったが、今振り返れば、たしかに、実習にはそのように「体験」を重視する側面があると思う。精神科病棟に漂う雰囲気、建物の匂い。白衣に袖を通すとき。病棟の鍵を開け、建物に入るときの襟を正す感覚。これらは、初めて医療現場を体験する実習生にとっては大変、印象深く残るものであろう。

　実習指導は、職人が見習いとして修行を始めるときと似ていると筆者は思う。日本には、芸や技の伝承法である「型」文化がある。“形稽古”と呼ばれるように、その習熟過程では、作法のように決まった型の動作を何回も何年も繰り返す。それは、一見マニュアルのようであれど、その目的は生産性、効率にはなく、教え、学ぶ「人」そのものを対象とする。また、そこで重視される技能は「手仕事」に準えることができるかもしれない。丹念な仕事においては、「手はただ動くのではなく、いつも奥に心が控えていて、これがものを創らせたり、働きに悦びを与えたり、また道徳を守らせたりする」（柳 1985）のであろう。そこで学び、身につける技能は、スーパーヴァイザーや先輩との生身の「関係」を通し、継承されたものに他ならないのでなかろうか。心理実習は、実習生が一人の「専門職」として第一歩を踏み出す、緊張と感動の入り混じった瞬間なのであろう。

　本稿では、筆者が行った医療現場における予診指導の例を挙げ、「型」を

学ぶことの重要性と、その際に実習生の「体験」に焦点を当てることの意義を考察したいと思う。これから実習指導にあたられる方に、何か参考となるところがあれば幸いである。

第2節　医療における実習指導の実際

(1)専門職教育カリキュラムにおける心理実習の位置づけ

　現在、心理職における実習は次のように規定されている。臨床心理士養成大学院のカリキュラムでは、学内で行う「臨床心理基礎実習」と、学外で行う「臨床心理実習」が設けられている。次に、公認心理師養成のカリキュラムでは、学部における「心理実習」、大学院における「心理実践実習」があり、それぞれ必要な時間数が定められている（公認心理師法施行規則 2017）。

　臨床心理士養成に係る実習と、公認心理師のそれとでは、まず時間数の規定が異なる。そして、大きな違いは、公認心理師制度下において、「現場実習指導者制度」が設けられたことであろう。従来、心理学実習は大学が保健医療機関に依頼し、ともすれば、その指導は大学が全てを請け負う形であった。しかし、今後は、大学が実習を医療機関に委託する形となる。つまり、より一層、医療現場での実務指導に質の担保が求められていくことであろう。

(2)A病院について

　筆者が実習を担当していたA病院は、東日本にある国立病院である。A病院は、陸軍病院として発足し、戦後、研究所が併設され、診療以外に研究および教育に力が入れられていた。医師においては、総合病院機能を有する基幹型臨床研修病院として位置づけられ、全国から研修医、後期研修医を受け入れていた。初期臨床研修プログラム、専門医研修プログラムが用意されており、各ユニットで年間を通し、3〜5名程度を受け入れる。看護においては付属する看護学校があり、実習指導システムは整っていた。

　診療機能としては、精神科、児童精神科、心療内科など精神系部門に加え、身体各科を有する中規模の病院である。精神科は急性期、救急病棟を、児童

精神科は昭和からある開放病棟を有し、また、院内学級が併設されていた。心理職の所属は、精神系統括部門の1ユニットとしての心理室であった。そこには、常勤、非常勤合わせて10名程度の心理職が在籍していた。それとは別に、心療内科、精神科デイケア科にもそれぞれ心理職が在籍していた。心理室の業務としては、児童精神科、成人精神科を中心に、身体各科における業務、デイケアや各種研究業務まで幅広く行われていた。

(3) A病院における実習プログラムの内容

①対象と期間

臨床心理学を専攻する大学院生、主に修士課程2年生以上を対象とした。年間4、5名を受け入れており、半期もしくは1年の期間で行った。

②費用

国立病院の規定に準じた額が大学から支払われる。公認心理師制度発足後、心理職の実習費用は、医師、看護師と同水準に引き上げられた。

③申込までの時期

開始時期を4月とし、1年前から病院のホームページ上で次年度の実習生を募集した。その数か月前には、病院の様式に基づいた申請書、履歴書、健康診断・予防接種に関する書類を送っていただく。事前にオリエンテーションの資料を送り、実習生には目を通してもらうようにする。その後、大学教員が訪問し、実習生に関する情報交換と今後の予定を確認する。

④オリエンテーション

施設概要と実習の年間予定、一日の流れ、そして、実習に臨むうえでの注意事項を説明する。この際、守秘義務や連絡先の交換などの禁止、望ましい服装、問題が生じた際の報告手順など基本ルールを説明する。当たり前のようなことだが、実習が始まると実にさまざまな事態が生じる。たとえば、病棟実習で患児にプライベートなことを聞かれた場合、それにどう応じるかなどがある。これは臨床技能の範疇であるが、同時に、守秘義務という専門職としての基本原則に関わる事柄である。患者、実習生双方にとって無用な傷つきを生まないよう、基本のルールは正確にかつ丁寧に説明する。

その後、実習生から実習への期待、これまでの実習経験について話しても

表5-1　心理実習の流れ

8:30	実習開始
8:45	当日打ち合わせ
9:00	初診開始
11:00	心理室カンファレンス
12:00	昼食　製薬会社の説明会など各種勉強会
13:00	カルテ記載、心理検査
14:30頃	児童精神科病棟活動への参加（希望に応じ、リエゾン活動に参加）
16:00	振り返り
17:00	実習終了

らい、全体を通しての質問を受ける。

　⑤**指導体制**

　医療領域における経験年数が5年以上の常勤職が指導を行った。年間を通して一人の指導者が3、4名の実習生を担当する。

　⑥**一日の流れ**

　実習は、児童精神科の予診を中心とし、その他、児童精神科病棟活動への参加、成人精神科活動の見学、1年に1回程度、心理検査の実施を行っていた（表5-1）。

　朝、一日の予定と申し送り事項の伝達、体調確認を行う。初診の10分前にはステーションに行き、用具を準備する。初診時の描画に用いる筆記用具に欠損がないか、長さは十分かをチェックし、描きやすいものに入れ替える。次に、予約患者リストを見て、実習生が担当する患者を決める。実習生はリストの基本情報と、問診票を見て、不明点を指導者に質問する。

　その後、予診を開始する。予診の時間は30分が基本である。予診終了後、ステーションに戻り、診察医への申し送りを行う。診察医は、多いと午前中だけで、2、3人の診察をしなければならない。それゆえ、申し送りは簡潔に行われる必要がある。数分で、主訴と大まかな来談経緯、見立てを伝える。説明力が試される場面である。その際、医師から心理検査や介入の相談を受けることもある。

　また、予診後は、観察学習を目的に心理室のカンファレンスに参加してもらう。このカンファレンスでは、全体連絡事項の共有、ケースの受理検討がなされる。

昼食を挟み、カルテ記載を行う。予診時、手書きで記録したものを、後でカルテに起こしてもらう。カルテ記載もテンプレートに沿って、漏れのないよう記入してもらう。この際、十分な時間をとって記録を作成してもらう。「記録」を書くという行為は、臨床的にも大きな意味がある。「記録」をすることで、個人の主観的な体験が第三者にも理解できる形に書き換えられる。そこには、単に書くという行為のみならず、三者言語への置き換えが必要となる（伊崎・北山 2010）。その過程自体が、実習生に「体験」の振り返りを促す意味もある。

その後、病棟の活動に参加する。集団活動療法（飯盒炊爨やクリスマス会など）、それ以外は病棟のホールで患児たちと共に過ごす時間となる。

一日の終わりに、実習の振り返りを行う。また、このときまでに、実習生は先週の実習記録を提出する。指導担当者は事前にそれに目を通し、実習生の理解度、疑問点や着眼点について大まかに捉えたうえで振り返りに臨む。振り返り後、指導者は記録にコメントをつけて返却する。

⑦実習期間終了後

大学から届く、実習生の評価用紙を記入し、返送する。その後、実習担当の大学教員が病院に訪れ、次年度への引き継ぎ事項を確認する。

第3節　医療現場における実習指導の実際
——予診面接に焦点を当てて

(1)どういう流れで学んでもらうのか

筆者は、医療現場における予診の「型」を身につけてもらうために、以下のような順序で指導を行っていた。

①基本原則となる手続きを説明する
②陪席指導（指導者やスタッフの予診に陪席、実習生の予診に指導者が陪席）
③ロールプレイ（実習生同士、指導者と実習生のペア）
④実践

⑤振り返り（①〜④それぞれの後に行う）

　まず、「型」となる基本的な手続きとして、予診で使用するテンプレート
を渡すとともに、予診の手続きを説明した。以下に示す「当院における予診
の手続き」は、松本（2009）による「Ⅳ-1-A 初回面接の組み立てとその意
義」に筆者が改訂を加えたものである。

［当院における予診の手続き］
あいさつ

　待合室にいる子どもの名前を呼ぶ。近くに行き、あいさつをする際には、
できるだけ、子どもの視線と同じ高さで声をかける。また、この時点で、実
習生が陪席してよいかどうかを尋ねる。

主訴を聴取する

　子どもの場合、ほとんどが親（両親）と共に受診する。予診では、よほど
本人が嫌がる場合以外は、時間的な理由から、親子同席で面接を進める。た
だし、この際、親子の境界が意識され始める思春期年代以降は、親の語る話
を本人がどう感じているか配慮する必要が出てくる。場合によっては、親に
席を外してもらうこともある。

　改めて自己紹介をし、予診の目的、内容、時間、予診後の流れを説明する。

　ほとんどの場合、問いかけに対しては、親が話し始める。ただ、ここで忘
れてならないのは、たとえ年少の子どもであっても、その子どもを一人の人
格として尊重する、謙虚で真摯な姿勢で会うことである。まず、子どもに困
っていることはないかと語りかける。そして、それを共に考えていきたいと
いう姿勢を示すのが最重要である。初めから、子どもはよく見ているし、本
質を感じ取っているものだと思う。ただ、おおよその場合、子どもは恥ずか
しそうにしたりして話せなかったりする。そのときも、一声かけてから、親
との話に移るようにする。とにかく、どんな年代であっても、まずは子ども
を相談主体として会う。親から語られた主訴は、あくまで親の主訴であるこ
とをよく理解したうえで聞き進めていくことが必要である。主訴は、なるべ

く、専門用語にまとめず、患児や親の陳述通りに記載する。

　もうひとつ重要なことは、「主訴」と同時に、「受診動機」を意識しておくことである。「受診動機」とは、「なぜこのタイミングで」「何を期待して」来られたかということである。「受診動機」が理解されていると、その後の診療契約がスムーズになる。

現病歴、生育歴を聴取する

　次に、主訴について、その対象となる困りごとが生じた時期、きっかけ、その後の経過を時系列に沿って聞いていく。子どものほうでは時系列に沿った説明は難しいことも多い。その場合、親から見ての陳述を聞き取っていく。これらの情報を聞くのは、各々の疾患ごとに好発年齢があり、あるいは発病状況があるからである。それに加え、問題を整理するという意味もある。基本的に成人の精神科予診での聴取の仕方と同じである（中安 2007）。たとえば、同じ「起立性調節障害」との診断であっても、うつ病が疑われる場合もあれば、背景に ADHD による集中困難と自尊心の低下が見つかる場合もある。

　生育歴については、テンプレートに基づき、概ねその順で聞いていくようにする。予約の電話で母子手帳の持参は頼んでいるので、それらをもとに詳細な情報を得ることができる。聴取すべき生育歴の項目としては、周産期の状況、粗大運動・微細運動の発達、言葉と社会性の発達、排泄を含めた生活習慣、身辺自立、幼稚園〜中学まで時代ごとの様子、身体疾患の既往歴などがある。

家族歴

　家族の構成員、続柄、年齢、健康状態、社会的属性を聞いていく。これらは、本診でより詳しい聴取が行われるため必要最小限でよい。また、精神科遺伝負因について聞く。

描画法

　当院独自のやり方であるが、予診の最後にバウムテストを行う。言語での

やり取りが難しい病態、発達年齢の子どもでも取り組むことができ、重要なアセスメントになる。描画をめぐる親子のやり取りも重要な観察事項である。丁寧な教示を心がけ、受検が難しそうな場合は実施しない。

　これらを基本原則として説明し、陪席、ロールプレイを数回行ってもらう。その都度、「振り返り」を通し、実習生の「体験」を共に振り返るようにする。筆者はその「振り返り」の時間をスーパーヴィジョンに準え、個々に合わせた指導となるよう心がけていた。以下に「振り返り」場面の一例を挙げ、指導の実際を示したい。なお、事例は筆者による複数の経験を組み合わせたものである。

(2)「振り返り」場面の活用

　「振り返り」は、毎週1回30分、半年あるいは1年の期間、継続して行う。場所は、面接室を使い、間に電子カルテを置き、それを共に眺める形で行っていた。

　まず、実習生から事前にまとめたカルテを見ながら、ケースレポートをしてもらい、その日の予診における疑問、感想を挙げてもらう。加えて、その日の病棟活動での感想も述べてもらい、実習指導者から助言およびディスカッションを行った。

　筆者が指導を担当していた男子学生Aは、実習も後半を迎えようとしていた。一通り、予診の手順を覚え、カルテ記載にも慣れ始めていた。

　その日、Aさんは「時間を大幅に超過してしまいました。申し訳ありません」と、硬く、緊張した面持ちで話し始めた。この日のケースは「発達障害」が疑われる不登校の男児だった。私が詳細を聞くと、Aさんは「のべつ幕なしに」話し続ける母の話を止められず、ほとんど本人の訴えが聞けなかったという。Aさんは母の話に圧倒されてしまったようだった。たしかに、この日のケースレポートはまとまりがなく、カルテ記載も何が「主訴」で、患児と母は何に困って来院したのかもわかりづらかった。Aさんは終始、硬い口調で語り、また、「発達障害」という診断名にこだわっていた。

私はまずＡさんに患児と母が何に困って（主訴）、なぜこのタイミングで来談したのか（来談理由および受診動機）について質問をした。すると、Ａさんは「主訴は発達障害の診断を受けたいからだと思いますが……来談理由は周りに勧められたからと言っていました」と述べた。はじめ、Ａさんの語りは硬かった。そこで、Ａさんがどのような手順で話を聞いたか、その具体的なやり取りを確認していった。私は、話を止め、巻き戻しながら、まずＡさんの予診場面での体験を明らかにするようやり取りを重ねた。

　そうしていくうちに、Ａさんは少しずつ、来談に至った母の不安や、児が不登校になったことへの母の強い自責感に目を向けるようになった。徐々に、Ａさんは当初の「発達障害」という先入観から離れ、またその口調には余裕が戻っていた。「そう考えると……いろいろな思いがあったのかもしれません」とＡさんはノートに目を落とした。その後、「発達障害」の診断概念について、若干の話し合いをした。

　最後に、予診場面の構造について話し合った。母が本人の代理で話していることを加味しつつ、本人の困り感を聞いていくという、三者構造の難しさをＡさんと共有した。児童の外来は、治療構造という観点から見れば、事態の整理がやや複雑になるものであろう。

第4節　医療現場における実習指導で筆者が大事にしていること

(1)「型」を知り、身に着ける

　本稿では、児童精神科の予診に焦点を当て、実習指導の実際を示してきた。事例のＡさんは、予診の手順や精神医学的診断名を「知識」として知っていたが、それらはまだ身体を通した学びに至らない状態にあったと思われる。

　ここで、私が重要だと思うのは、Ａさん自身が予診場面をどう「体験」し、そこでどう考え、判断したのか、まず、実習生自身の体験プロセスを丹念に追うことである。多くの場合、実習生は予診面接の手順、つまり「型」を知識としては持つが、それにはまだ具体的な体験が伴っていない。よく聞くと話のポイントがずれていることもある。それは、「型」と手、身体が一致し

ない、心身一如を持たない状態にあるといえよう。実習生が自身の予診面接での手続きを身に着けるためには、まずその「型」について、実習生の実感に添いながら、理解を促していく必要がある。

　また、予診を行ううえで重要になるのが見立ての力であろう。予診は、第一に診断に関する情報の聴取が目的となる。短い時間でポイントを決め、能動的に話を聞かねばならない。そこで、より良い予診のためには、精神疾患、病態やパーソナリティなど見立ての軸と知識が必要となってくる。それらがないと、短い時間で話を焦点づけ、全体の流れを作ることが難しいからである。しかし、そういった見立ての軸を作ることは思いのほか難しいものでもある。私は、実習生指導の初期の頃、事前に DSM や ICD の内容を覚え、そのまま実習生に伝えようとしていたが、それはうまく伝わらないことが多かった。このとき、私が感じたのは、指導者自身が、「自分のからだをくぐり抜けた言葉」を持っているかどうかで、実習生に伝わる程度も異なるということである。日々、指導者自身も体験に近い言葉を用いて説明するよう、心がける必要があるだろう。

　そして、予診の基本を身に着けてもらううえで、もっとも重要と思うのが、実習生自身が「問い」の感覚を持てることである。たとえば、よく聞かれる実習生の感想に次のようなものがある。「精神病圏の患者さんは、思っていたよりも優しかった」。これは、たしかに精神病圏のクライエントが持つ特徴をある面から捉えている。しかし、それだけでは、問題つまり病理の側面が十分に捉えられていない。土居（1977）は、精神科的面接における要諦は相手を「理解」しようとすることであるが、その「理解する」「わかる」とは、一体、どういうことであるのかを論じている。そこで土居は、深い理解のためには、「まず、第一に何でも彼でもわかったつもりになるのを止めることから始めねばなるまい。簡単にわかってしまってはいけないのである。いいかえれば何がわかり、何がわからないかの区別がわからねばならない」と述べる。「優しかった」ことの背後に、自我障害の始まりやそれによる現実検討力の低下がある場合もある。土居が述べた「不可知の姿勢」「わからない」という感覚、それを実習中、一度でよいので体験してもらえたらと筆者は考えている。それに基づく経験の集積が、自分なりの見立ての視点、病

態のプロトタイプを形作り、よりよい予診面接に繋がっていくことと思う。そして、これらは臨床家としての感性の芽生えとなり、その後のスーパーヴィジョンに引き継がれていくことだろう。「問い」を立てる力は、河合（1970）がスーパーヴィジョンの要諦とした、「どう考えるか "how to think"」に繋がる重要な力であると考える。

(2)医療におけるコモンセンスを体験する

実習を通して、医療におけるさまざまなルールと文化、場全体の志向性を体験してもらうことが重要であろう。医療現場における第一のミッションは "いのち" を守ることである。平井（2018）は、医療場面における包括的なアセスメントに必要な視点として、①身体症状、②精神症状、③社会経済的問題、④心理的問題、⑤実存的な問題という段階を挙げている。医療現場では、まず身体因・器質因を捉える必要があり、心理的問題は問題解決の優先順位としては後に置かれることが通常であろう。こういった点も、実際、病院の現場感の中で、さまざまなケースに触れないことには腑に落ちて理解することが難しいものだと思う。津川（2009）は、医療現場での実習の特徴として、精神病圏の患者と接すること、精神医学の発想や思考過程が理解できること、等身大のチーム医療が体験できることを挙げている。現場体験を通し、実習生が、医療の中にあるさまざまなコモンセンスに触れる機会になればと思う。

おわりに

スーパーヴィジョンの草創期、古澤から小此木に対して行われた精神分析の指導は「監督指導」と呼ばれていた。当時、医学のインターン生であった小此木（1954）の報告には、精神分析を行う際の服装から部屋の内装まで、生々しい記述が残されている。その後、小此木は大学病院の精神療法指導にその学びを生かしていった。

本稿では、筆者が実習指導で継続的に行っていた「振り返り」の時間をス

ーパーヴィジョンに準えつつ、考察を加えた。スーパーヴィジョンとは異な
れど、実習指導においても「関係」を通した学びが重要であると筆者は思う。
その指導過程では、指導者自身の理解が問われ、ときに揺さぶられることも
あるだろう。実習指導は、指導者にとっても貴重な学びの機会になるものと
思われる。

［文　献］
土居健郎（1977）『方法としての面接─臨床家のために』医学書院。
平井啓（2018）「がん患者への Bio-Psycho-Social Model によるケア」『心身医学』58巻3
　　号、231-236頁。
伊崎純子・北山修（2010）「日本語臨床と言葉にすること」『こころの科学』153号、48-53
　　頁。
皆藤章編（2014）『心理臨床実践におけるスーパーヴィジョン─スーパーヴィジョン学の
　　構築』日本評論社。
河合隼雄（1970）『カウンセリングの実際問題』誠信書房。
黒木俊秀・村瀬嘉代子（2018）「わが国における心理職の職域と役割」『臨床心理学』18巻
　　4号、387-390頁。
松本英夫（2009）「初回面接の組み立てとその意義」齊藤万比古責任編集『子どもの心の
　　診療入門』84-86頁、中山書店。
毛利伊吹・笠井さつき・大塚秀実（2020）「大学院生の指導に携わる心理士からみた精神
　　科における臨床心理実習」『心理臨床学研究』38巻3号、208-219頁。
中安信夫（2007）『精神科臨床を始める人のために─精神科臨床診断の方法』星和書店。
日本心理臨床学会大学院カリキュラム委員会（2001）「臨床心理士養成システムと大学院
　　カリキュラムの検討」『心理臨床学研究』19巻特別号、5-46頁。
小此木啓吾（1954）「監督教育 Supervision としての統制分析 Control analysis の一症例の
　　報告（その一）」『精神分析研究』1巻8号、7-17頁。
髙橋靖恵（2014）「スーパーヴィジョン学の構築」皆藤章編『心理臨床実践におけるスー
　　パーヴィジョン─スーパーヴィジョン学の構築』150-174頁、日本評論社。
津川律子（2009）「臨床心理実習における精神科実習の意味」津川律子・橘玲子編著『臨
　　床心理士をめざす大学院生のための精神科実習ガイド』1-22頁、誠信書房。
柳宗悦（1985）『手仕事の日本』岩波文庫。

教育臨床におけるスーパーヴィジョン

森岡理恵子・久保薗悦子・枝川京子

第1節　スクールカウンセリングにおけるスーパーヴィジョン
—— "チームとしての学校" で働くスクールカウンセラーを支える

　スクールカウンセラー（以下、SC と記す）は、平成7（1995）年に旧文部省「SC 活用調査研究委託事業」により主に臨床心理士を配置する形で始まった。現在は学校内の心理的支援が広く定着している。スクールカウンセリングでは「一人ひとりの子どもの感じ方考え方を尊重しながら、健康な発達を援助していく、いわゆる発達促進的・開発的カウンセリング」（鵜養 1997）がめざされている。

　学校での活動に際し、SC は心理臨床の構造の在り方との違い等に少なからず戸惑う。そこで SC は、スーパーヴィジョンを受けることで日々の活動を支えられている。本節では、近年注目されている "チームとしての学校" での多職種連携に関わる例を取り上げ、スクールカウンセリングでのスーパーヴィジョンの意義を整理したい。

(1)学校臨床のスーパーヴィジョンの現状

①学校臨床の独自性とスーパーヴィジョン

　教育とスクールカウンセリングの視点は相補的な関係にある。平野（2003）は、教育現場で機能する臨床心理学的視点の特徴として①非論理的で思い通りにならないことを尊重すること、②「いま・ここ」での出会いを尊重すること、③「集団に向かって語られる言葉」を大切にする教育現場にあって「私とあなたの間で語られる言葉」を重視すること、をあげている。SC 導入開始時には SC 配置が「黒船」にたとえられたことは有名な話だが、心理臨床の視点は、教育現場にとっては本質的に他職種であることを忘れてはならない。むしろ、学校教育の前提になっている指導や評価などの視点に束縛されず、子どもの心の成長を軸にした第三者の視点を入れることが SC の独自性だと言えよう。

　学校臨床では、SC の活動も日常に根を下ろし、教室など面接室以外でも子どもと出会う。いわば学校全体が枠となり、その中で子どもの成長を見立て、今必要な関わりを自在に模索する「統合的アプローチ」（徳田 2000）が有効である。SC は個々の子どもの体験を重視した理解に心を寄せる。かしま（2006）は SC の働きについて、子どもの「いのちの根っこからの連続する健康な試み」を見立て、教師と共に「直面する問題にその子なりに対処しようとする子どもの心」と連携する、と述べる。

　多くの SC は一人で学校に赴き、学校の風土やニーズを見立てながら、個に寄り添う視点を保ち続ける。河合（1998）は SC の活動の難しさについて、「生徒に共感し、教師に共感し、親に共感していると、葛藤を感じるはず」と述べる。むしろそのような葛藤を保持し続けるところに、子どもの悩みを受けとる器となる可能性がひらかれる。

　学校臨床では、SC のアセスメントや活動の妥当性について助言しその資質の向上を目指し、とくに心理や教育に関する高度な専門性と経験を有する者によるスーパーヴィジョンの体制が整えられてきた（文部科学省 2017）。全国および各都道府県臨床心理士会では、SC のコーディネートシステムを構築し、文部科学省や自治体教育委員会との緊密な連携を図ってきた（滝口 1998）。倉光（2002）は SC の訓練に触れ、「SC になる人は、これまでのキャ

リアや訓練で学んできたことを基盤にして、学校という場でどうすれば有効な心理臨床活動を行うのかを日々模索しなければならない」と述べ、学校臨床独自のスーパーヴィジョンの必要を強調している。

②"チームとしての学校"におけるスーパーヴィジョン

文部科学省（2015）「チームとしての学校の在り方と今後の改善方策について」では、学校に関わる専門職として SC やスクールソーシャルワーカー（以下、SSW と記す）等との連携の必要を強調している。従来 SC は第三者性を特徴としてきたが、今後は「SC は教員との連携において内部であるべき」（吉田 2016）であり、「学校組織内部の一員としていかにその専門性を発揮するか」（西井 2016）が問われるようになった。"チームとしての学校"では、スーパーヴィジョンにおいても他職種との連携への理解が求められる。

文部科学省（2017）では、生徒指導や教育相談で重要な働きをする SC と SSW との協働の必要を強調する。SC も SSW も、学校現場で生じる課題に専門的な観点からのアプローチを試みる。SC は個々の子どもの心理的支援を通して子どもの内発的な成長を援けるが、SSW は環境の問題に働きかけることで課題解決への対応を図るところに両者の働きの違いを見ることができる。

連携では、専門職同士が相補的に働くときは協働的な働きが期待される（合田・竹森 2015）。しかし、専門職同士のお互いのアプローチの違いが葛藤や拮抗を招くこともある。複数の専門職を有効に活用するためには、学校が主体的に連携のマネジメントを行うことが前提となる。その上で専門職同士の互いの理解が、有効な連携の鍵となる。とくに SSW は配置の途上にあり、筆者の活動する自治体では SSW との連携の経験のない SC も少なくない。"チームとしての学校"の経験の共有と深化が今後期待されるところである。

"チームとしての学校"で SC に求められているのは「他の専門職と仲良く振る舞うこと」ではない。むしろ、連携で明らかになった課題を受け入れながらも、SC の専門性を維持することが大事で、そこに新しい視点を得ることができる。そこで SC が他の専門職を理解し協働を促すためのスーパーヴィジョンが必要になる。

スーパーヴァイザーには、まず自身の実践や相互研修等を通して、他職種

の役割やアプローチの手法を理解し、協働の可能性を検討することが必要になる。さらにスーパーヴァイジーに他の専門職との連携の実践を勧め、個人面接と同様に連携過程を対象にしたスーパーヴァイズを試みるのもよい。とくに連携がうまく機能していないときこそ、連携を深める機会として大切に考えるチャンスとしたい。そのとき SC 個人の力量に帰するのではなく、状況の背景要因を見立てる視点が求められる。

　以下に他の専門職との連携において SC の意図が伝わりにくい場面をいくつか例示し、どのようにスーパーヴィジョンで取り扱うことができるのかを検討する。

(2) "チームとしての学校" で働く SC を支えるスーパーヴィジョン

　"チームとしての学校" には当然 SC もそのメンバーに入っている。しかし、実践において以下の例のようなことが生じるのは珍しいことではない。

[例1] SC が児童理解のための会議（支援会議を含む）に呼ばれなかったとき
　ある小学校の SC は、着任当初から多くの面接を依頼されていた。しかし、校内の児童理解のための会議には出席を求められなかった。そのため校内で生じている生徒指導上の出来事や教職員の考えを共有する時間をとることが難しかった。
　ある日、生徒指導上の重大な事案が生じた。他の専門職は全員放課後に開催された緊急のケース会議に出席したが、SC は面接が入っていたために出席することができなかった。SC は管理職に、生徒指導に関わる出来事があれば共有してほしいと申し出たが、「SC は面接で忙しくしているので、会議にお呼びすると申し訳ないと思った」と言われた。

　児童生徒を理解するための会議は、"チームとしての学校" の基盤となる会議であり、学校で "まさに今" 生じている問題が共有される。そこは、言葉では語りえない教師の願いに触れる場でもある。会議で共有されたことを SC の視点で見立てることにより、面接やコンサルテーションでの理解を深めることができる。SC が決して会議の場をないがしろにしていないにもか

かわらず、例１のような声が上がることは本当に残念なことである。

　スーパーヴィジョンでこの問題を扱うとき、SC が教職員と共に働くチームの一員として認知されているかどうかを検討する。個々の面接とそのコンサルテーションを中心に働く SC が、教師にとって「必ず会議に呼ぶべきメンバー」に入っていただろうか。

　SC は限られた勤務時間で面接対応に追われる現状もあるが、「児童生徒理解のための会議の多い時間帯には面接を入れない」等の時間配分の工夫を提案してみてもよいだろう。もしも会議に出席できないときには議事録を共有する方法を事前にコーディネーターと共に確認しておくとよい。また授業や学習の様子を見る機会も大切にしたい。教室に身を置くときに感じる緊張感と痛みは、教室に入りづらい子どもの体験に重なるだろう。

　SC が活動の時間配分をすることは、勤務校を見立てたうえでのその学校に応じた働きを考えることである。スーパーヴィジョンで SC の働き方の検討をすることが、学校が子どもの心を育む "器" となることを援ける。

　教師は SC が面接に関して秘密を守ることについて、子どもと SC の信頼関係に基づくものであることは十分承知している。それでも教師が SC に面接内容の共有を求めることがある。

　[**例２**] SC が面接内容の共有を求められたとき
　ある中学校の SC は定期的に来談している不登校生徒について、会議の場で「何があって学校に来ることができないのか。どのように対応したらいいのか教えてほしい」と担任教師からたずねられた。SC は「今はエネルギーを充電しているので、しばらく見守ってほしい」と伝えた。その場では SC の考えは了解されたが、後で担任教師が「SC は『見守りましょう』ばかりで、何も解決策を示さない」と、他の専門職に相談していた。

　教師は「なぜこの子どもは登校できないのか」「どうすれば、子どもと繋がることができるか」ということに少しでも具体的な手がかりを得たい。登校していない子どもへの関わり方を SC に教えてほしいのである。このとき

SCはどのように教師に応えたらよいだろうか。

　筆者は、見立ての共有はSCからの問いの形でもよいのではないかと考える。教師の試みを詳しくたずね、子どもの思いに心を寄せ、そこで教師が何を感じたのかを問う。SCからの問いかけは教師が子どもについて考え続ける手がかりとなるだろう。

　スーパーヴィジョンでは、教師の質問に込められた「教師が本当に知りたいこと」「助けてほしいと思っていること」をスーパーヴァイジーと共に考える。SCが教師に問いかけるためには、SC自身が子どもたちを心に描き続けることも必要である。スーパーヴィジョンは、SCが生き生きと体験を振り返り、懐を豊かに広げる機会となるだろう。

　特定の児童生徒の課題について、他の専門職の方針と食い違うことは稀ではない。意見の相違について、SCとしても整理できない思いにとらわれることもある。

［例3］支援会議でSCがうまく意見を伝えることができなかったとき
　ある小学校でSCも面接で関わっている不登校児童の支援会議が行われた。会議では具体的なスモールステップの支援案が提案された。児童にも、関わる教師にもわかりやすいということで、その支援案を子どもと保護者に試してもらうことが決定した。SCとしては、今はその時機ではないと思われ、行動の促進だけでは一時的な改善がみられたとしても継続できないのではないかと考えた。しかし、SCは会議の席で自分の見立てや考えを発言することができなかった。SCの気持ちに漠然とした不全感が残った。

　支援会議において、客観的なアセスメントを根拠に積極的な支援策が提案され、それが具体的な方針として決定することがある。そのとき方針の違いからSCに焦りや混乱が生じることがある。他の専門職との連携の難しさの背景にはSCが感じる専門性への揺らぎも理由のひとつとして考えられる。限られた時間の中での活動で勤務校のニーズに合ったSCの働き方を柔軟に模索し、本質を保ちながら構造を整えるスーパーヴィジョンの役割は大きい。

スーパーヴィジョンでは、「SCが何に戸惑いを感じたのか」を具体的に確認する。とくに他職種の専門性がSCの専門性になじまずお互いの対話が滞っている場合、スーパーヴァイジーに「何が生じて困っているのか」「そのときにどのように感じたのか」を問いかけることが大事である。

　SCは、学校に居ることそれ自体によって気持ちが動かされている。さらに、教職員からの期待や評価にさらされている。学校では「いやだなあ」「何か変」「空気が重いぞ」等の違和感を言葉にすることは難しい。SC自身が感じている違和感を認識することで膠着状態から抜け出る契機になることが少なくない。生じている事象をそのまま取り上げ「あなたはどのように苦しいのか」と心を寄せるスーパーヴィジョンに支えられて、SCが主体的な動きを取り戻す手がかりを得ることができる。

　会議で示された支援案についても、それがどのように検討され、実行されたのかをスーパーヴィジョンの場で改めて問い直したい。学校からの支援案を子どもが受け入れたのだろうか、試してみて子どもはどのような思いを持ったのだろうか、教師はそのときの子どもの思いをどのように受け止めたのだろうか。試したのが一日だけだったとしても、その日が子どもにとって何らかの光が差した一日になったかもしれない。スーパーヴィジョンでは、「いかに支援を提案するか」との視点にとらわれているSCが、「子どもにとっての体験の意味」に戻ることを支えたい。

　学校臨床のスーパーヴィジョンでは多様な役割を持つが、大きく分けてふたつの側面をあげることができる。ひとつは勤務校の環境や器としての可能性を見立て、そこでのSCの活用をコーディネートするスーパーヴィジョンである。日々の業務に埋没しがちなSCは、スーパーヴィジョンによって俯瞰的な視点や見立てる視点を得ることができる。とくに自治体からの巡回によるスーパーヴィジョンでは、場を見立てて学校とSCを調整する役割をとる。

　もうひとつはSCが心理臨床家として生き生きと子どもや学校現場に関わることを援けるスーパーヴィジョンである。これは従来からの心理臨床家のスーパーヴィジョンに近い働きを持つ。とくに他の専門職との連携で行き違いが生じるとき、スーパーヴァイジーが不安感や孤立感を覚えることもある。

スーパーヴィジョンでSCの揺るがされる思いを抱えることで、SCの専門性が支えられる。学校臨床では、コーディネートの機能を持つスーパーヴィジョンと、各々のSCの必要性に応じたスーパーヴィジョンというふたつの側面を生かすことで、勤務校に応じたSCの働きを支援することができるだろう。

(3)学校臨床においてスーパーヴィジョンが支えるもの

他の専門職との連携でSCの専門性が問われるとき、スーパーヴィジョンではSCの持つ独自な視点に立ち返る。

① how to を持たない不確かさを支える

しばしば、学校の専門職には「問題への対応 how to」をたずねられる。わかりやすい how to が子ども理解に悩む教師にとっての手がかりになることも少なくない。SCが「自分が役に立っていないのではないか」という思いにとらわれると、"SCらしいアセスメント"や how to を示したくなることもある。

山本（1995）は、心の問題への向き合い方として「働きかけの知」と「受身の知」を示した。「働きかけの知」は課題を修正・治療するモデルであり、問題解決の手法 how to が模索され、to do を重視する。「受身の知」は成長・成熟を援助するモデルである。人の心の世界を共感的に理解し、成長・成熟を見守る在り方で to be を重視する。とくに"チームとしての学校"で働く場合には双方の知が必要だが、SCには how to を示すことのみに頼らない在り方が求められる。

how to だけに頼らないために、SCにできることは何だろうか。筆者は一案として、子どもや教師の感情体験を丁寧に聞くことをあげたい。例3では、不登校児を支えるとき、登校へのスモールステップの支援の提案はひとつの how to になりうる。しかし、登校しづらい子どもが緊張感を覚えながら悶々とした思いを持っていたであろうこと、それにもかかわらず学校からの提案を試してみて安堵を感じたかもしれないこと、子どもにとって両方が真実であろう。子どもは、悩んでいるときにあっても、一瞬一瞬に"私"を確かめている。SCはその時々の子どもの心に留まり気持ちを抱え続ける。

how to で動こうとしないとき、SC は不確かで心もとない感覚を抱くこともある。スーパーヴィジョンは SC の感じている不確かさをそのままに受け止める。スーパーヴィジョンの支えによって、SC は子どもの揺らぎによりそうことができる。

②SC が抱いている無力感を支える

例にもあったように、他の専門職の提案が、必ずしも SC の見立てや待つ姿勢と協調的に働くとは限らず、むしろ互いの視点が拮抗することも少なくない。ここで村山（2020）の学校臨床について「臨床の仕事は問題を解決することだけなのか」との言葉を思い出したい。

教育は子どもの能力を伸ばし、子どもたちの成長という光に溢れている。しかし、その方向に添うことが難しい子どもたちには苦しい場所でもある。SC や SSW は、「学校」「成長」という光に伴う影にいる子どもや家庭に関わる。

SSW は子どもの well being を保障するために、問題の背景をアセスメントし、適切な支援案の提示をする。対して、SC は学校に居場所を見出しにくい子どもや保護者の傷つきや無力感に触れ、子どもの傍に居続ける。SC は何らかの解決を志向するのではなく、あえて「無力感を生きる」（桑原 2022）。SC にできることは、子どもとの出会いに心を開き、子どもが"いま・ここ"で感じている確かな思いをそのまま抱えることだけである。

スーパーヴィジョンは、SC が子どものそのままを受け入れ、傍に立ち続けるという SC の専門性を支える役割を持つ。

SC 事業が開始した当初から学校教育に心理臨床の視点が入る意味について、「異なる者の出会いは、創造も破壊も生む。そこに耐えて抱え続ける時に違う次元が開かれる」（河合 1998）ことが期待されてきた。他の視点と出会うことで生じる葛藤や苦悩は、改めて「SC は何をする者なのか」を問う。他の専門職との出会いに喚起される葛藤を排除せずに考え続ける過程を通して、SC はより公共的な専門職として成長するのではないだろうか。

皆藤（2014a）は、「スーパーヴァイジーが心理臨床家になっていくプロセスにおいて、かならずと言っていいほどイニシエーション体験に出会うことがある」と述べる。成長に資する苦しみの過程を SC 自身が引き受けること

を支え、SC と共に歩むスーパーヴィジョンが望まれる。

第2節　学校臨床におけるスーパーヴィジョンの機能

(1)現在の学校臨床

　学校現場に SC が赴くようになり、30年あまりとなる。初めは主に臨床心理士が心理臨床の専門家として、現場のニーズに応じた活動を積み重ね、その成果も広く認められてきた。近年は"チームとしての学校"が提唱され、専門的教員や SSW 等との多職種連携のもとで活動を行うようになっている。

　2020年のいわゆるコロナ禍では全国的に休校の措置がとられ、学校現場に激震が走った。感染症への不安や差別、人との距離感について「心のケア」の必要性がクローズアップされ、オンラインの活用なども進み、SC の活動においても大きな転換点となった。以下の10点は、文部科学省初等中等教育局児童生徒課から通達された SC の活用をめぐる文書において「休校が継続する中でのスクールカウンセラー（SC）の職務と役割について」と題し、日本臨床心理士会から提唱されたものである。社会全体が感染症の不安を抱く中で、休校中から学校再開を見据えた SC の10の役割が詳細に列挙されている（文部科学省 2020）。

　　1. SC の専門性を活かした心理教育的な役割：休校が継続する中で子どもたちや家族はストレスフルな日々を過ごしており、ストレスの軽減には新型コロナウイルス感染症への正しい知識と対応について理解を深めていくことが大前提となり、紙媒体の配布やネットを利用した情報提供や教員対象の研修会、保健室の養護教諭と連携した広報等が有効である。
　　2. 情報収集とアセスメントの役割：学校全体への対応に加え、一人ひとりの子どもたちを対象にチェックリストなどを活用して心と身体の状態を把握し支援対象となる高ストレス群の子どもたちに気付くことが大切である。

第6章　教育臨床におけるスーパーヴィジョン　　**117**

3. 個別の支援計画を立案していく役割：高ストレス群の子どもたちに対して、心理学的専門性を基にパーソナリティや環境的な要素など総合的にアセスメントを行い、有効な支援の方法を提案することがSCには求められる。

　4. 子どもたちや家族の代弁者としての役割：支援計画を検討する際は、アンケートや過去の情報などに基づき、どのような方法で教員やSCと定期的な連絡を取り合うことができるかを本人及び保護者に確認するよう努め、子どもや家族がどのような支援を学校に望んでいるかを丁寧に聴き取り、実際の支援に反映させていくことが重要である。

　5. ハイリスク群へのチーム対応：特にハイリスク群（不登校傾向のあった子ども、休校前より課題を有していた子ども、家族関係や経済的問題などを有している子ども等）については、担任や管理職と丁寧な情報共有に務め、切れ目ない支援が行われるようチーム体制を作る。

　6. 柔軟性をもって具体的な支援を実行していく役割：アセスメントをもとに個別の支援計画を立て、担任教師等と協働し実行していくことになるが、その手段としては、完全な外出自粛が求められる地域もあれば、3密にならない状況を確保できる地域もあり、対面、電話、オンライン等子どもたちが暮らす地域や家庭環境によってかなりのばらつきが認められ、現場で実施可能な方法について創意工夫していくことが求められる。

　7. 対面以外の支援の枠組み作り：電話やオンライン等の対面以外の支援を行う際には、支援の枠組み（ルールや支援構造など）や学校組織内での情報共有方法について充分に検討し、何らかの形で文章にしておくことが望ましい。

　8. 支援者を支援するコンサルテーションの役割：担任教師をはじめ子どもたちや家族を支援している人たちを支援していくことが、長期的な支援には不可欠である。

　9. 他機関との繋ぎの役割：特に要保護児童対策地域協議会に登録されている支援対象の子どもたちに対しては、児童相談所など地域の専門機関とのスムーズな連携協働が重要である。

　10. 研究と開発の役割：電話相談やオンラインカウンセリングなど心理

支援に関する研究と開発に向け、全国レベルでの SC 同士の情報交換や研鑽が重要である。

　2020年当時、休校が続き社会が混乱する中で、すべての児童生徒・学校全体への「心のケア」の必要性が認識されていた。そのため、このリストで第一に掲げられているのは「心理教育的な役割」であり、中長期的な危機介入や集団を対象とした支援に期待が寄せられていた。また支援が必要な児童生徒のスクリーニングにおける専門的なアセスメントの役割や、コンサルテーションなどチーム対応において心の専門家としての役割を発揮することが強調された。

　コロナ禍での休校による影響が一段落した後も、個別の問題に対するカウンセリングにとどまらず、集団に対して働きかける支援や、予防的な支援を重視する流れが続いている。2022年の「生徒指導提要の改訂に関する協力者会議（第9回）議事要旨」においても、「子供たちが主体的、能動的に成長発達していく過程を支えていくという視点に立ち、日常的な教育活動を通じて全ての児童生徒に対して働きかけていく基盤となる生徒指導」が提言され、「事後対応ではなく、先手を打って、全ての児童生徒が様々な力を身につけるように働きかけていくこと」を目指すとしている（文部科学省 2022）。コロナ禍の心のケアの視点から、中長期的な見守りや未然予防の視点へと移り、何か問題が起きてから対処するのではなく、起きないよう見守り、子どもたち一人ひとりの持つ力を支えていくことを重視する流れとなっている。現在の SC は、チームの心理専門家として一人ひとりの子どもたちを見守るだけではなく、学級集団や学校全体を見守り、問題が起きる前に予防的に関わり、子どもたちや学校コミュニティの持つ力を支えていく、という役割を期待されているといえよう。

　このように時代に合わせて SC に期待される役割は変化してきているが、心理の専門家である SC が集団の中で「個」を重んじる立場であることは変わらない。福田ら（2023）は SC の実践について、「個々の児童生徒への見立てだけでなく、学校や学級の見立て、そして学校が抱えている課題への見立て、つまり個から集団、組織までのスペクトラムを持った視点を持つことが

大切」であり、「スクールカウンセラーの持つ臨床心理学知見を学校教育の中に導入していくスキル、そして学校教育とコラボレーション、協力して、児童生徒に対応していく実践がますます必要になってくる」と述べている。こういった実践の必要性が高まる中で、集団における一人ひとりの「個」を尊重し、専門性を発揮するには、どのようなことを考えていかねばならないだろうか。

(2)学校臨床の独自性とスーパーヴィジョン

そもそも、「個」との一対一の関係性を重視する心理臨床の立場と、学校で求められる SC の活動は相反するところがある。福田（1999）は「学校文化はオープンであり、『枠』があいまいである」と述べ、「個を尊重し、秘する文化」である心理臨床の文化との違いに「枠」の感覚の違いを指摘している。河合（1999）も「臨床心理士の立場は、一般的な学校の立場とは対立的になることがある」と述べ「学校全体と対立しても、それを耐えぬきながら解決にいたるほどの覚悟と能力をもっていなくてはならない」としている。ほとんどの SC はただ一人、子どもたちの生活の場である学校の中へ入り込み、教員とは異なる第三者の立場として活動している。学校の中に入りながら、外から来た者として第三者の目を持ってその場にいるのである。

鵜養（1997）は学校臨床実践を考えるにあたって、以下の四つの視点について述べている。

- ・自分たちの実践が教育の全体性の中のどのような場所に位置付いているのかを把握すること（教育における心理臨床の位置付け）
- ・自分たちが実践している心理臨床が、他の領域の心理臨床とどのように異なっているのか（心理臨床における教育心理臨床の特殊性）
- ・心理臨床の枠組み、または置かれた位置、環境などによって、具体的な実践にどのような相違が生じるのか（場の相違による実践の相違）
- ・どのような現場で、どのような実践に力点を置いて実践する必要があるのか（場の特質にふさわしい実践）

以上のことを参照すると、学校教育の現場において心理臨床の立場が特殊であることと同時に、心理臨床全体の中でも学校臨床は特殊な性質を持つと考えられる。学校が異なればSCのニーズも変わり、SCのオリエンテーションや個性によっても活動内容が変わるだろう。SCの実践について考えるとき、学校の文化の中で心理臨床の文化が異質であることと、心理臨床の文化の中での学校臨床の独自性のどちらの視点も重要となってくる。

　学校臨床におけるスーパーヴィジョンもまた、学校臨床独自の文化が存在する。自治体によって異なるが、教育委員会指定のスーパーヴァイザーが配置されている場合が多い。役割やSCとの関わり方もそれぞれ異なり、何か困ったことがあったときに相談してもよい相手として控えている場合もあれば、教育・監督の立場が強調され、スーパーヴァイザーとの面談や研修が必須となっている場合もある。他にも危機介入などでの学校派遣、新人研修といった役割も担う。

　倉光（1999）はSC（学校臨床心理士）のスーパーヴィジョンについて「プロフェッショナルの臨床家が新しい現場でどう機能すべきかを相互に検討する、いわば、ピア・スーパーヴィジョンである」と述べている。吉田（2016）も自身のSCスーパーヴァイザーの経験から、新人研修や新任SCのサポートや緊急支援のみならず、いわゆる中堅と言われる、経験のあるSCのスーパーヴィジョンの重要性や、教員との対話について論じている。

　学校現場で働くSCを支える学校臨床独自のスーパーヴァイザーは、先の鵜養（1997）の視点を重視し、とくに学校臨床の独自性を念頭に、学校の中にいるSCが育む心理臨床の根底にあるものを支えていくことが大切であろう。さらに鵜養（1997）は「子どもたちが生活する学校世界を知っていること、また、その世界の文化、風習、規律、構成員を知り、彼らの生態、そこで起きる可能性のあること、その見立てとその見通しに関わることなどを熟知し、具体的・現実的な事態を重層的に把握し、瞬時に判断すること」が必須であると述べている。そして「とくに実践家として重要なのは、周囲の人々に理解され、歓迎され、学校教育の一環として円滑に機能すること」であると指摘している。学校での心理臨床実践は、そこで生活する人々の生活

の場に入り込み、一人ひとりの心や人間関係、集団の動きに直接的・間接的に関わる営みである。SCとしての言動や動きが、一人ひとりの子どもや保護者、教員、取り巻く人々や学校全体、地域全体にも影響を与える。それらがどのような影響を与えうるかについて考えていくことが必要不可欠であり、学校現場で円滑に機能できる専門家を育てることが、学校臨床独自のスーパーヴィジョンの役割のひとつではないだろうか。

また、伊藤（2007）はコミュニティ・アプローチの観点から、「学校の場とは異質な治療の場の原則を無理に持ち込むのではなく、心理臨床が蓄積してきた支援の原則を援用しながら、学校の場に特有の要素をうまく生かすこと」が重要だと述べている。どのような資源があるかは学校によって異なり、生かし方も場によって異なる。そのためスーパーヴァイザーは学校全体を見立て、その現場でスーパーヴァイジーがどのように専門性を発揮することができるかを見立てる必要がある。皆藤（2014b）はスーパーヴァイザーの役割について「技法を伝える自我的存在ではなく、事例を抱え、SVeeとクライエントが共にする心理療法の道往きを臨床的に見つめる第三のまなざしとなる」と述べ、ひいてはこの営みがスーパーヴァイジーを育てることに繋がると述べている。学校臨床のスーパーヴィジョンでは、学校現場におけるSCの立場と、心理臨床における学校臨床の独自性を念頭に置き、この現場でどのように専門性を生かしていけるか、個々の実践に基づいて考えていくことが大切であろう。

(3)SCによるコンサルテーション

SCの活動は時代により求められるものが変化しつつあるが、変わらず中核を担う活動がコンサルテーションである。SCは援助する者、コンサルタントとなり、心理臨床学の専門性に基づいて、コンサルティを援助する。学校現場の場合、コンサルティの多くは担任、養護教諭、管理職などの学校教職員であり、保護者に対して行われることもある。また、専門的な助言を行うという行為から、広義のスーパーヴィジョンとの共通点も多い。本書第10章では、髙橋はコンサルテーションについて、「心理臨床コンサルテーションとは、心理臨床家（臨床心理士）が、対象となる組織の個人や集団に対し

て適切にアセスメントをして、他職種の専門家と共に支援方針についての助言を行ったり、継続的な検討を行ったりすること」と再定義している。

　石隈（1999）は学校臨床心理学の立場から、学校現場におけるコンサルテーションの目的は「子どもへの援助というコンサルティの職業上あるいは役割上の課題遂行における問題解決の援助」と「コンサルティの援助能力の向上」のふたつであると述べている。コンサルティが直面している困難事例に対して行われるコンサルテーションを通じて、起きている問題の解決に向けた整理や理解、具体的対応の検討のみならず、コンサルティが今後似たような事例に出会ったとき、より良い援助ができるようになることを目指すということである。その結果、困難事例となる前に対応することができるようになれば、予防的な効果も発揮できる。

　半田（2020）は、心理臨床の専門家であるSCと、学校教育の専門家である教員とが「それぞれの専門性を活かして、相互にそして協力して話し合っていく」「相互性のある関係における、協働的な活動」であると述べ、コンサルタントとコンサルティが対等な関係であることを強調している。岡堂（1998）も同様にコンサルテーションの目的を「コンサルティがみずからの専門的な職業上の困難を克服し、そのことを通して、教職の専門家として成長していくことに置かれる」と述べている。誤解されがちであるが、コンサルテーションは教員に心理臨床の技法・知識の学習をさせることではなく、あくまで教員自身の専門性の向上を目指すものである。コンサルタントとコンサルティの双方がそれを理解し、取りかかっていかねばならない。

　ではコンサルタントとして心理臨床家に必要な要素は何だろうか。Gregら（2012）はSCがコンサルテーションを行うことについて、「時間的な効率の良さ」と、「子どもや若者の変化する力を支えるために、彼らの生活における重要な大人との協働が有効である」と指摘している。また、効果的なコンサルタントの特徴として、Doughertyによる「個人および専門家としての成長志向／コンサルテーションと人間の行動に関する知識／コンサルテーションスキル」の3点を獲得することが重要であるとし、さらに「多文化的で多様な観点」を付け加えている。

　個人および専門家としての成長志向については、専門家としての自己研鑽

や学習、スーパーヴィジョンが含まれる。多文化的で多様な観点を持ち、多様性を理解するコンサルタントであることは、さまざまな文化や価値観を持つ子どもや保護者、教師が混じり合う学校現場ではとくに重要である。学校臨床では、地域を知り、地域の文化を理解することも重視される。地域の特徴を把握することは、地域の中で生まれている差異に気づくことにも繋がる。

　また、文化、価値観、個人的歴史という観点では、SCと教員の立場や視点の差異も大きなテーマとなる。そもそもの専門的役割の違いにもよるし、個々の教員の経験や技術の違いも関わってくる。異なる専門性を持つ教師と協働する中で、鵜養（1997）は「共通言語」を獲得することが重要だと述べている。専門用語を棄て、「共通言語」を用いて関係を作っていくことで、お互いの専門性を超えた深い子ども理解に繋がる。そのためには「自身の専門性と教師の専門性、それぞれの特性とその異同を熟知し、その関係、交流したときに起きてくることに精通している必要性がある」と述べている。髙橋（2014b）も自身の養護教諭との研究会での体験から、初めは「異国のことば」だったものから共通のことばが生まれ、「他職種とコミュニケートする能力」が育まれてくる過程について触れ、「こころの支援をする者たちの共通の視点がそこにはあり、同じ方向を向いて歩もうとすることに相違ない」と述べている。学校現場に求められるコンサルテーションとは、教師と心理臨床家との間で文化や価値観を超えたやりとりがなされ、その関係性の中でより深い子どもへの理解が生み出されることではないだろうか。そのためには、心理臨床の根底にある「個」を重んじ、一人ひとりの心を尊重する姿勢が相互に反映されることが大切である。コンサルタントはそういった場や関係性を作ることが最も重要な仕事であり、心理臨床家としての視座や態度が生かされるのではないだろうか。

(4)コンサルテーションを支える機能

　有意義なコンサルテーションとなるためには、コンサルタント自身がコンサルテーションの機能を理解し、それを依頼者である教職員に正確に伝え、共に取り組んでいく必要がある。コンサルテーションのスキルやモデルに関しては鵜養（1997）の9段階のモデルや、山本（2000）に詳しい。9段階の

モデルを紹介すると、①依頼、②準備、③出会い、④関係作り、⑤問題の明確化、⑥イメージ合わせ（査定）、⑦具体的手立ての検討、⑧障害に対する対処策の検討、⑨終結、である（鵜養 1997）。

　ここではスーパーヴィジョンを支える機能との共通点として①依頼段階から関わってくる、コンサルタントとコンサルティの関係性の視点について取り上げたい。それは、双方が対等な立場であることを、依頼の時点で相互に理解する必要性があるということである。学校組織は教師－生徒の関係をはじめとして、教員内部でも指導・教育する者とされる者という上下の関係が多くみられる。SC にコンサルテーションの依頼がある場合も、「専門家の先生に教えてもらう」という態度がスタートになることが多い。コンサルテーションに反発や抵抗がある場合も、外部の専門家に指導・教育されるという思い込みからの拒否感が原因かもしれない。①依頼、②準備の段階でコンサルテーションの目的について双方が了解し、「この関係は、何者にも強制されない両者の自由意志によって行われる対等の関係」（岡堂 1998）であるということを示す必要がある。出発点が異なると、③出会いの質も変わってしまう。筆者の経験からも、「うまくいった」コンサルテーションでは、コンサルタントが一方的に見立てを伝えるということはなく、双方向のやりとりを積み重ねる中で、異なる専門性の視点が交わり、新しい視点やアイディアが生まれてくるものであった。先述した「共通言語」が生まれてくるような関係性を築き、コンサルティ自身が支えられていると気づき、自ら選んでコンサルテーションを求めるようになるのである。そしてそれがコンサルティ自身の専門家としての成長、学校組織全体の成長に結びつくことを改めて強調したい。

(5)これからの課題──学校臨床における心理臨床の専門性

　SC の活動は時代によって変化し、個人カウンセリング中心から、「チーム学校」を経て多職種連携は当然の仕事となった。現在では予防的、発達促進的な関わりにも期待が寄せられている。教員研修を必須とする自治体も増え、心理教育も求められている。一方で、一対一の個別の関わりを基盤としている心理臨床の専門家は、集団に対する支援はまだまだ苦手かもしれない。

「個」から集団へと視点を広げつつ、集団の中にいる「個」を基盤にする視点を持ち続けることが、これまで以上に重要となってくる。

　SC を巡る大きな動きのひとつに常勤化への期待がある。大きな障壁として予算の問題が関わっているだろうが、常勤化が進んでいる自治体もあり、SC の仕事の新たなモデルとなっていくだろう。常勤化すれば、勤務時間に余裕が生まれ、学校や地域をより深く知ることができ、教員とのコミュニケーションの時間も増える。コンサルテーションの必要性もさらに高まっていくだろう。多くの学校行事にも関わることができ、さらに多岐にわたる活動が期待される。しかし、日常に関わること、学校組織の内側に入ることで、SC にとってもこれまでとは場の意味が変わり、学校に呑みこまれてしまう危険性が増す。心理臨床家としての外部性や第三者性をふまえた出会い方が難しくなるという側面もあるだろう。これまで以上に意識的に自らの専門性の在り方について問い続け、どのような役割を担っていくのかを見つめ直すことが大切になる。学校の主体は子どもたちである。学校の中で起こるさまざまな問題と向き合い、子どもたちの持つ力を生かし、学校全体を支えていくのが、SC の役割である。常勤化の如何にかかわらず、考え続けていかねばならないことであろう。

　今後も現場や社会から求められる役割は変化し続けるだろう。SC は与えられた活動時間の中で柔軟に対応し、自身のできることや時間の使い方を常にアップデートしていく必要がある。一方で、時代や方法が変わっても、根底にある心理臨床の本質を見失ってはいけない。集団の中で「個」にピントを合わせ寄り添うことや、「枠」のない学校現場で「枠」を重視することは学校臨床の独自性でもあり、心理臨床家ならではの実践知である。学校現場に入り、多くの人と出会いながら、集団や関係性をアセスメントし、外側から支える働きを活かすために、スーパーヴィジョンが果たす役割も大きい。スーパーヴァイザーだけではなく、個々の SC がスーパーヴィジョンの機能を意識し、求められる役割に反映させていくことが必要になっていくのではないだろうか。

（第2節担当：久保薗悦子）

第3節　学生相談領域における
　　　ピア・グループ・スーパーヴィジョンの導入

(1)学生相談領域で心理臨床家がおかれている現状

　今日の学生相談における心理臨床活動では、カウンセリングだけではなく教職員・保護者へのコンサルテーションなど、連携や協働を重視する流れが定着している（齋藤 2020）。筆者も状況に応じ、侵襲的ではなく短期で行えるカウンセリングや、問題を悪化させない環境調整のためのカウンセリングを行ってきた。また、学生個人へのカウンセリングだけではなく、大学全体を社会システムやコミュニティとみなし、そこにコーディネーションやコンサルテーションの技法を用いて関わっていく場面にも直面した。このように他の心理臨床と比して学生相談臨床の特徴は、在籍中の学生を対象とした大学コミュニティ内での教育的相談活動にある。また大学、短期大学、大学院とそれぞれの修業年限を考慮しつつ、青年期の心理発達課題の最中にいる学生を支援することも特徴といえよう。

　このように、個人としての学生として捉えるのみならず、大学コミュニティ内の学生として理解することが重要となるため、学生相談にはコミュニティ心理学の知識が必要となる。加えて大学を取り巻く環境が変化する中、学生相談の取り組みは、大学の立地や規模、地域性などその実情に合わせて変化、展開されている。このように多様化する社会変容に伴い、学生相談の扱う相談内容は広がりを見せており、心理臨床家には幅広い内容に対応する能力が求められている。

　これらの相談内容に対応するため、心理臨床家は学会への参加、論文や書籍を精読し、そこから新たな知見や情報を習得するなど、個々人の持つ意欲や努力によって見識を広げ、自身が不足と感じている能力を補ってきた。また、スーパーヴァイザーとスーパーヴァイジーのマンツーマンで行われるスーパーヴィジョンを通し、スーパーヴァイジーの課題を明確化することも必要な研鑽・教育として行われてきた。これは教育的側面だけでなく、スーパ

ーヴァイジーが心理臨床家として自立し、心理療法を安定して行っていくための サポートという側面も有しており、その在り方や意義については広く認知されている（鑪 2001；皆藤 2014b；平木 2017）。特定のスーパーヴァイザーから定期的にスーパーヴィジョンを受けることによって、スーパーヴァイジーは自らの課題を認識し、心理療法のあり方や自身の態度について振り返り、吟味することができる。また実際のケースを通して心理療法を深化、意味化させることができる活動であり、心理臨床家の対人援助能力を豊かに向上させるものであるといえるだろう。このように、学生相談に従事する心理臨床家が技能を維持・向上させて学生支援を行うためのスーパーヴィジョンは不可欠であるにもかかわらず、任期制・非常勤雇用者が 7 割を占め（杉江他 2022）、地理的・経済的事情によりその機会を得られないことも考えられる。とりわけ心理臨床家の困難は、ひとり職場のため問題を共有できない・指導を受けられない経験が起因となることもあるだろう。そこで機能別、スポット別にスーパーヴィジョンができるスーパーヴァイザー（増田 2019）の資質獲得を目指し、心理臨床家が仲間（ピア）と共に研鑽を積み、スーパーヴァイザーとしての資質や能力を身につけることができると思われるピア・グループ・スーパーヴィジョン（以下、PGSV と記す）の有効性を検討してみたい。

　仲間内で研鑽を積む PGSV については、福祉領域において実践例がある。黒川（1992）は、参加者からファシリテーターを選定し、相互に経験する方法で研修することの意義を述べ、その実践を「同僚間スーパービジョン」として取り上げている。また、PGSV におけるメンバー間の体験は、専門家とクライエントとの援助関係にも反映されるため、グループの在り方を検証する必要性を説いている先行例もある（塩田・植田 2010）。しかしながら心理臨床領域においては、職域の動向を考慮した研修の必要性と、同僚同士での相互研鑽の意義が述べられている（乾 1987；前田 1987）にすぎず、実践例や心理臨床を業とする専門家を支えるシステムとしての PGSV の構築について言及された実践報告は見受けられない。

　前述した通り、幅広い相談内容に対応する能力が求められる大学での臨床においては、それぞれの資質能力を高め、実践を支えるための研鑽の仕組みを構築することが急務である。そこで本稿では、学生相談に従事する心理臨

床家がスーパーヴァイザーとして成長するための PGSV の実践過程を紹介し、相互研鑽の在り方を示したい。この実践は、学生相談領域でのスーパーヴィジョンができるスーパーヴァイザー育成の一方策となる可能性がある。そして多くの心理臨床の指導者が抱えている、スーパーヴァイザー訓練を受けたことがないという問題（平木 2017）を解決する一助となることも考えられる。

(2)PGSV の実施方法について

はじめに、PGSV の実施に至った経緯を説明する。筆者は数年間、学生相談に従事する心理臨床家と定期的なピア・グループ・ケースカンファレンスを実施してきた。そこでは、自身や同僚が非常勤かつ任期付きの雇用ゆえに、学生相談の特徴を考慮したスーパーヴィジョンの機会を持たず任期終了となる実態があること、学生相談における心理臨床家の困難には、個別事例への対応のみならず、学外機関との連携を要するなど地域的要因が重なり合って生じていることが問題としてあがった。このことから、同僚や仲間がスーパーヴィジョンを求めた際に紹介できる人材の育成という共通の目標のもと、PGSV の実施に至った。

　以下の報告は、PGSV の経過をひとつの事例とみなし、実践におけるスーパーヴァイザーとスーパーヴァイジーとの相互交流を検討したものである。詳細な実施内容は次の通りである。PGSV は月 1 回、1 回 3 時間を基本とし、計10回実施した。1 回ごとに事例提供者がスーパーヴァイジーとなり、あらかじめ指名されたメンバーがスーパーヴァイザーを担った。経験を多く積めるようスーパーヴァイザーとスーパーヴァイジーの組み合わせが重複しないよう留意した。この実践はメンバーの一人が所有する個人オフィスにて実施した。これは職場のミーティングを利用するなどの応用もありうる。基本的には髙橋（2014a）のライブスーパーヴィジョンに倣って実施した。スーパーヴァイジーが実際に関わっている事例を発表し、その場でスーパーヴァイザーからのスーパーヴィジョンを受け、終了後にメンバーで内容について討議を行った。構成員は、臨床心理士として10年以上の臨床経験のある者 5 名で、すべてのメンバーが現在もしくは過去に学生相談での臨床経験を有していた。

ほとんどが他職種に対するコンサルテーションを多く経験しているが、スーパーヴァイザーとしての経験は少なかった。

　ここであらためて本稿でのPGSVの定義を、「学生相談に従事する臨床心理士による仲間（ピア）での自主的な学習と研鑽の機会」と定めておく。ピアとは臨床実践における資質向上の意欲を持つ仲間を指す。なおスーパーヴァイザー役が存在することがピア・グループ・ケースカンファレンスとの相違点である。

(3)PGSVの試みによって得られたこと

　第1回から10回までのPGSV後の討議において得られた意見や所感を記録した。スーパーヴァイザー役、スーパーヴァイジー役、フロアーメンバー役を担ったメンバーの意見や所感は必ず聴取した。次いでKJ法（川喜田・牧島 1970）に準じてカテゴリー化を行った。カテゴリーは①スーパーヴァイザーの立場から、②スーパーヴァイジーの立場から、③フロアーメンバーの立場から、④PGSVという形態について、⑤グループ・スーパーヴィジョンとPGSVとの相違について、⑥気づいたこと、の6項目となった。得られた記録をカテゴリーごとにまとめて構造化し、KJ法B型として文章化した。この文章化は対象者が5名と少数のため、個人の特定を避けるために用いている。6項目それぞれにおいて見出したカテゴリーと文章化の結果を表6-1に示す。本文中の【　】はカテゴリー名を表している。

　①スーパーヴァイザーの立場からの意見や所感

　【アセスメント】【スーパーヴィジョンとしての認識】【フィードバック】【スーパーヴァイザーとしてのありよう】の四つのカテゴリーに従い説明する。まず、スーパーヴァイジーのおかれている臨床の場を把握したうえで、生じている事象を聴き取ることが重要である。学生相談という機関は同一であれ、所在地、学部の種類や学生数、そして心理臨床家がどのような位置づけで配属されているかは事例の理解に影響する。このため、臨床の場について【アセスメント】することはスーパーヴァイジー理解の礎となる。続いて、【スーパーヴィジョンとしての認識】を持つ必要がある。スーパーヴァイジーのスーパーヴィジョンへのニーズが高いほど、事例に焦点づけた話が展開

表6-1　KJ法によるピア・グループ・スーパーヴィジョンに関する意見の整理の結果

	カテゴリー	結果	ラベル数と割合
SVorの立場	【アセスメント】	・SVeeの状況をつかむこと、置かれている状況に思いを馳せることに注力した。 ・SVeeのニーズを聞きながらSVを進めていくことの重要性に気づいた。	29枚 33.7%
	【SVとしての認識】	・SVeeの相談したい「事例」に焦点づけて話をしていた。 ・SVであると認識をもつことで、事例ではなくSVeeに主観をおくことに意識を向けることができた。	
	【フィードバック】	・SVorとしての見立てをSVeeにどのようにフィードバックすればよいのか、言葉を探してしまった。 ・SVeeにはそれぞれ課題もあるはずだが、それを欠点として指摘するようなコメントとなっていないかを考える自分がいた。 ・SVeeの成長を促すためにはどのようなコメントが必要なのかということに意識が向いた。 ・カウンセラーの発言なのか、クライエントの発言なのか、相互のやり取りなのか、どの方向からコメントするか迷った結果、SVでのやり取りの中で固まってしまった。	
	【SVorとしてのありよう】	・的確にアドバイスしなければならない、あらゆる知識をもっていないと対応できないのではという重圧を感じた。 ・SVorは優れていなければならないという思い込みがあった。 ・自分のSVにおいて、SVorを師弟関係として捉えているのか利用資源として捉えているかによって認識が変わる。	
SVeeの立場	【事例の省察】	・ケースの介入の方向性を考えることができた。 ・どのように事例に向き合っていたかという視点では考えられていなかった。	9枚 10.4%
	【言語化】	・問われたことに対して、自分の心情や考えを適切に言い表す言葉を出せず、固まってしまった。	
	【SVの活用】	・何を検討してほしいのか、予め提示しておく必要性を感じた。時間をどう使えるかはSVeeのSVに対する認識にかかっている。	
フロアーメンバーの立場	【立場への認識】	・受け身にならないように留意し、両者の発言や相互関係を把握できるように意識した。 ・SVeeの成長に焦点をあてた相互交流ができているのかという点、SVorが迷う点、疑問に思う点について話し合うことができているかを捉えることができた。	17枚 19.7%
	【観察効果】	・その場に生じる雰囲気や双方の表情、視線や仕草など非言語コミュニケーションに着目することができた。 ・自分がSVor、SVeeの時には気づきにくいことが見えてくる。	
	【パラレル関係】	・SVeeの質問や意見を聞いて、SVorをこのように活用していけばよいのかという発見があった。	

表6-1　KJ法によるピア・グループ・スーパーヴィジョンに関する意見の整理の結果（続き）

	カテゴリー	結果	ラベル数と割合
PGSVという形態	【Svorの存在】	・GSVではSVorの特徴や個性にSVeeが縛られるように感じるが、PGSVではそのような思いは少なかった。	25枚 29.1%
	【仲間意識】	・仲間同士で臨床力向上を希求したいという思いを実感した。	
		・言葉を選ぶトレーニングになる。	
		・仲間であるからこそ批判を恐れ、賞賛的になるように思った。	
	【競争意識】	・GSVにおいて、自分はカウンセリングをうまくやっている（と思いたい）という競争意識が生じるのと同様に、PGSVでSVorの立場に立った時、自分はSVorとしてうまくやっていきたいという意識が生じた。	
GSVとPGSVとの相違	【相違】	・SVorのいるGSVは縦の関係になるが、PGSVは横の関係になるように感じた。	4枚 4.7%
	【施行方法】	・PGSVと事例検討との相違を認識するためにも、交互に実施するのもよいのではないか。	
気づいたこと	【偏向への気づき】	・自分の思い込みや所属機関の考え方によって、ケースの捉え方がパターン化していたことに気づいた。	2枚 2.3%

スーパーヴィジョンをSV、スーパーヴァイザーをSvor、スーパーヴァイジーをSvee、ピア・グループ・スーパーヴィジョンをPGSV、グループ・スーパーヴィジョンをGSVと略記した。

されることもあるが、スーパーヴァイザーが「スーパーヴィジョンである」という認識を持つことで、事例ではなくスーパーヴァイジーに主観をおくことができるだろう。この過程を経てスーパーヴァイザーに意識されるのは、スーパーヴァイジーの成長を促すために行われる【フィードバック】時の発言の仕方とその内容である。スーパーヴァイザーには "スーパーヴァイザーとして、あらゆる知識を持ち、的確にアドバイスしなければならないという重圧、スーパーヴァイザーは優れていなければならないという思い込み" が生じ、【スーパーヴァイザーとしてのありよう】として自身の資質を問うことに意識が向かうと考えられる。これはスーパーヴァイザーだけでなく、学生相談室を統括する立場にある人の、ケースカンファレンスで抱える重圧とも類似しているだろう。

②スーパーヴァイジーの立場からの意見や感想

【事例の省察】【言語化】【スーパーヴィジョンの活用】の三つのカテゴリーに従って説明する。スーパーヴィジョンを受けることで、事例への向き合い方や自身のケースの介入の方向性を考えるといった【事例の省察】ができるが、スーパーヴィジョンの場に生じる思いや考えを【言語化】することの難しさがある。スーパーヴァイジーによる【スーパーヴィジョンの活用】の意識の程度は、スーパーヴィジョンの進度や深度に影響を及ぼすこともある。

③フロアーメンバーの立場からの意見や所感

【立場への認識】【観察効果】【パラレル関係】の三つのカテゴリーから述べる。自身がスーパーヴァイザー、スーパーヴァイジーではない【立場への認識】による気づきがある。具体的には、受け身にならないように留意すること、両者の発言や関係を、スーパーヴァイジーの成長に焦点をあてた相互交流という視点で捉える重要性があげられた。またスーパーヴィジョンの場に生じる雰囲気や双方の表情、視線や仕草など非言語コミュニケーションに着目できる【観察効果】も、フロアーメンバーだからこそ体得できるといえるだろう。自身のスーパーヴィジョンへの援用という【パラレル関係】の視点も見出された。

④PGSVという形態について

【スーパーヴァイザーの存在】【仲間意識】【競争意識】の三つのカテゴリーに分類した。グループ・スーパーヴィジョンでは、スーパーヴァイザーの特徴や個性といった【スーパーヴァイザーの存在】の影響をスーパーヴァイジーは受けるが、PGSVでは少ないといえる。これはメンバー同士で臨床力向上を希求したいという思いの実感やその共有といった【仲間意識】へと連動するであろう。一方で、仲間であるからこそ批判を恐れ、賞賛的な態度として表れやすいことも明らかになった。また、グループ・スーパーヴィジョンで生じるスーパーヴァイジーの同胞葛藤は、PGSVでは、スーパーヴァイザーの役割をこなせる資質を見定める【競争意識】となって現れることが考えられる。

⑤グループ・スーパーヴィジョンとPGSVとの相違について

【相違】【施行方法】のふたつのカテゴリーから説明を行う。スーパーヴァ

イザーのいるグループ・スーパーヴィジョンではスーパーヴァイザーとスーパーヴァイジーは縦の関係（師弟関係や指導・教育関係）になるが、PGSV は横の関係という【相違】がある。また双方の違いを認識するためには【施行方法】の検討が有効であろう。この縦の関係については、スーパーヴァイザーの権威性や理想化に関与すると考えられるため、次項で詳しく述べる。

　⑥気づいたこと

　カテゴリー名を【偏向への気づき】とした。スーパーヴァイザーとスーパーヴァイジーのやり取りの内容から、自身のケースの捉え方の癖やパターン化に気づいたことを示している。

(4)PGSV の検討と展開

　本稿は、学生相談に従事する心理臨床家が、スーパーヴァイザーとして成長するための PGSV の実践過程を紹介したものである。実践を通し、スーパーヴァイザーの立場にある者がスーパーヴィジョンをどのように捉えているか、スーパーヴァイザーとしてどうあるべきか、という点について体験的に学ぶ過程が明らかとなった。PGSV が成り立つ要素やその有効性を検討するためには、スーパーヴァイザーとしてのありようと、PGSV という形態についての考察が必要となるだろう。このことから以下では、学生相談領域に PGSV を導入するための視座として、① PGSV においてスーパーヴァイザーに求められる資質、② PGSV を機能させるために必要となることの2点について述べていきたい。

　①PGSV においてスーパーヴァイザーに求められる資質

　まず、混同しがちなケースカンファレンスとスーパーヴィジョンとの区別のために、スーパーヴァイザーの「スーパーヴィジョン」の認識が必要となる。ケースカンファレンスは、事例やクライエント理解、カウンセラーとしての対応が議論の中心となる。これに対しスーパーヴィジョンは、スーパーヴァイジーの考え方や判断、その根拠に焦点づけて展開されるものである。スーパーヴァイザーは事例理解に終始せず、ケースやクライエントに関するスーパーヴァイジーの考えを汲み取ったうえで、スーパーヴァイジーの課題について話し合い、成長を促す時間を持つことが求められる。これはスーパ

ーヴァイザーとして必要不可欠な認識である。

　スーパーヴィジョンの出発点は、スーパーヴァイザーがスーパーヴァイジーの心理臨床の環境を聴取し、その苦悩を聞き出していくことにある。そのうえで、スーパーヴァイザーの見立てを言語化し、スーパーヴァイジーが実感を伴って理解できるよう的確に伝えることが求められる。前述のスーパーヴァイザーの所感からは、スーパーヴァイザーにはスーパーヴァイジーの成長を促すためにどのようなコメントが必要なのかを考え、明確に言語化して伝えることに難しさを感じていることがわかる。自分の考えが相手に伝わるよう言語化するという活動は、スーパーヴィジョンに限らず心理臨床の本質ともいえる行為であり、スーパーヴァイザーのみならず、すべての心理臨床家に求められる能力であろう。

　布柴（2014）によると、スーパーヴァイザーに求められる資質・適正は、スーパーヴァイザーの人間性と臨床力から構成されるという。これには、スーパーヴァイザーの心理療法に対する臨床観、ひいては他者と向き合う姿勢そのものが含まれるという。スーパーヴァイザーは、考えを言語化し、フィードバックすることに意識が向きがちである。しかしフロアーメンバーの指摘にあるように、その場に生じる雰囲気や表情、視線や仕草など、非言語コミュニケーション内にもスーパーヴァイザーとしての臨床の技術が表出する。このことから、スーパーヴァイザーのありようそのものが、スーパーヴァイジーにとって有益な示唆を得られるものとなる。したがって、スーパーヴァイザーが自身の経験から体感的に習得してきた技術や姿勢を、スーパーヴァイジーに見える形で表現することも、スーパーヴァイザーの資質として重要となるだろう。

　② PGSV を機能させるために必要となること

　PGSV は仲間によって構成されており自由度が高いため、グループ内の信頼感の醸成が重要となる。本稿でのグループメンバーは、PGSV 導入前にピア・グループ・ケースカンファレンスとして実践を積んでいた。このことから PGSV 導入時には、メンバー間に互いを尊重し合う姿勢や自由な発言が許容される雰囲気が形成されていた。この信頼感のさらなる醸成のための手段として、ルールや工夫が必要となる。かつて筆者が参加したコミュニティ

グループでは、ディスカッションの前に「どのような発言も尊重される」「参加メンバーへの敬意を忘れない」等、至極当然なルールをあえて明文化し、読み上げてから活動を開始していた。この取り組みは、ルールを再認識し、活発な意見交換が行われるものとなり、メンバー間の信頼感の醸成に波及していたと思われる。

　臨床力の向上は、自身の臨床への不足点や傾向への気づきがあってこそ成しうるものである。しかし、専門的見地で集うグループにおいては、ある程度の信頼が保証されない限り、示唆を含んだ建設的なコメントでさえ、批判的または攻撃的とみなされる可能性がある。本来は、スーパーヴァイザーからの一見辛辣とも受け取れるコメントも、問題や課題を的確に焦点づけるためのものであり、スーパーヴァイジーの気づきへの促しでもある。スーパーヴァイジーが、このような新しい視座の提案を批判的に受け取ることを防ぐためにも、活動の目的やルールを明確に設定することが必要となる。とくにPGSVでは仲間であるからこそ賞賛的な態度として表れやすいこと、スーパーヴァイザーとしての資質に関する競争意識が現れることが明らかになった。このように生じうる態度や意識についても発言できる雰囲気があることが、自由度の高いグループ内の信頼感を醸成するために必要となるだろう。

　さらに、PGSVでは、スーパーヴァイザーだけでなく、周囲のメンバーが支持的な雰囲気を提供することも重要である。このような周囲からの支援活動は、「スーパーヴィジョンを行う」「スーパーヴィジョンを受ける」という縦のベクトルによる支援とは異なるものであり、実際の臨床の場での協働関係にも反映されるように思われる。この縦のベクトルについて説明を加えたい。スーパーヴィジョンやグループ・スーパーヴィジョンにおけるスーパーヴァイザーの選択は、スーパーヴァイジーが同一化し、学びたいと思うスーパーヴァイザーが望ましく（鑪 2001）、ここにおけるスーパーヴァイザーとスーパーヴァイジーの関係は、師弟関係や指導関係という縦の関係を前提とする。このためスーパーヴァイジーには、スーパーヴァイザーに対する権威性と理想化に基づいたスーパーヴァイザー像の取入れがはたらくだろう。ではPGSVにおけるスーパーヴァイザーとスーパーヴァイジーの関係を水平関係として捉えたとき、この形態における権威性はどのように機能するのだ

ろうか。PGSVは横のベクトルというグループダイナミクスを前提にしており、スーパーヴァイザーの権威性などの支配を受けにくく独自の文化が形成される。しかしながらスーパーヴァイザーの姿勢をスーパーヴァイジーが取入れ、体得していることも少なからずあるだろう。

　また本稿でのPGSVは相互研鑽の一方策であり、従来の個別スーパーヴィジョンを通して得られる専門性の獲得や臨床感の構築とは異なるものである。個別スーパーヴィジョンでの"縦の関係"とPGSVにおける"横の関係"をパラレル関係として理解するためにも、PGSVの機能検証のためにも、個別スーパーヴィジョンは必要となる。

　PGSVの最大の特長は、メンバーがスーパーヴァイザーとなった際に、事例をどのように見立てるか、それをどのように言語化しスーパーヴァイジーに伝えるのかという一連の流れについて、実感を伴って知ることができる点にある。スーパーヴァイザー、スーパーヴァイジーという関係性の中での学びだけではなく、フロアーメンバーの視点から、客観的な意見を得ることもできる。また、信頼感の醸成されたグループに基づくPGSVは、自分がスーパーヴァイザーとなるためのトレーニングとして機能するだけでなく、理想とするスーパーヴァイザー像を相互で認め合い、支え合うものとなる。職場における仲間との相互研鑽から、情緒的な関係が構築されることにも通ずるものがあるだろう。

(5)学生相談領域におけるPGSV実践のために——課題と展望

　PGSVのグループは、新しい感覚や感性を相互に行き渡らせる場であり、学習の魅力的な場所であり続ける必要がある。このため、メンバーの認識やルールをすり合わせ、変化させていくことが求められる。

　今後の課題として、PGSVのあるべき方向性を検証していくことが挙げられる。そのためにはグループ・スーパーヴィジョンとPGSVにおいて習得できるものの重なりや相違点の検証と、PGSVの学習促進の検証が必要となる。また、学生相談領域でのPGSVの実践事例や、そこから得られる知見の集積により、新しいスーパーヴィジョンのモデル構築となることが期待される。

これまでの心理臨床は、個室で臨床を行うスタイルや守秘に起因してか、自分の臨床を他者や周囲に明示しない風土があった。しかし、PGSVという視点から相互研鑽の方法を模索することは、心理臨床の公共性や、同領域で活動する心理臨床家の援助論の構築にも繋がるのではないだろうか。

　この30年で18歳人口は４割以上減った。これからは地方にある大学を中心に、学び直しを望む社会人や、留学生の増加が見込まれる。加えて大学は立地する地域との連携を強め、地域の担い手を育成することも求められる。このように大学を取り巻く環境の変化に合わせて、学生相談の取り組みも変容していくだろう。この時流の中、学生相談に従事する心理臨床家のニーズに即したスーパーヴィジョン実施のために、スーパーヴァイザーとしての資質獲得を目指すPGSVの在り方を検討した本稿が、学生相談における専門性の探求の一助となれば幸いである。

　付記：本稿は、「学生相談領域におけるピア・グループ・スーパーヴィジョンの導入―心理臨床における同僚性とは」『心理臨床スーパーヴィジョン学（京都大学大学院教育学研究科臨床実践指導学講座・臨床実践指導者養成コース紀要）』第９号を大幅に加筆修正し、学生相談領域での新しい試みとして紹介した。

（第３節担当：枝川京子）

［文　献］
福田憲明（1999）「システムサポートとしての役割」小川捷之・村山正治編『心理臨床の実際第２巻　学校の心理臨床』金子書房。
福田憲明・安藤麻紀・吉村隆之他（2023）「新しい時代におけるスクールカウンセラーの業務と課題―第41回大会　大会委員会企画シンポジウム（学校臨床心理士ワーキンググループ共催）」『心理臨床学研究』41巻３号、275-290頁。
合田盛人・竹森元彦（2015）「スクールカウンセラーとスクールソーシャルワーカーの理想的な協働としての"ペア活動"」『香川大学教育学部研究報告第Ⅰ部』143号、97-106頁。
グレッグ・ブリッグマン、フラン・ムリス、リンダ・ウェッブ他（谷島弘仁訳）（2012）『学校コンサルテーション入門―よりよい協働のための知識とスキル』金子書房。
半田一郎編（2020）『スクールカウンセラーと教師のための「チーム学校」入門』日本評論社。
平木典子（2017）『増補改訂　心理臨床スーパーヴィジョン―学派を超えた統合モデル』金剛出版。
平野直己（2003）「学校臨床心理学とは」伊藤美奈子・平野直己編『学校臨床心理学・入

門―スクールカウンセラーによる実践の知恵』1-19頁、有斐閣。

乾吉佑（1987）「スーパーヴィジョンの現状と問題点　現任者のアンケートの再分析から　心理臨床家にとってのスーパーヴィジョン」『心理臨床学研究』4巻2号、79-86頁。

石隈利紀（1999）『学校心理学―教師・スクールカウンセラー・保護者のチームによる心理教育的援助サービス』誠信書房。

伊藤亜矢子編著（2007）『学校臨床心理学―学校という場を生かした支援』北樹出版。

皆藤章（2014a）「序論」皆藤章編『心理臨床実践におけるスーパーヴィジョン―スーパーヴィジョン学の構築』10-34頁、日本評論社。

皆藤章（2014b）「スーパーヴィジョンにおける臨床性」皆藤章編『心理臨床実践におけるスーパーヴィジョン―スーパーヴィジョン学の構築』175-208頁、日本評論社。

かしまえりこ・神田橋條治（2006）『スクールカウンセリングモデル100例―読み取る。支える。現場の工夫。』創元社。

河合隼雄（1998）「日本の教育改革と臨床心理士」河合隼雄・大塚義孝・村山正治監修『臨床心理士のスクールカウンセリング①―その沿革とコーディネーター』4-12頁、誠信書房。

河合隼雄（1999）「学校における心理臨床」小川捷之・村山正治編『心理臨床の実際第2巻　学校の心理臨床』金子書房。

川喜田二郎・牧島信一（1970）『問題解決学―KJ法ワークブック』講談社。

倉光修（1999）「学校での心理臨床活動とスーパーヴィジョン」小川捷之・村山正治編『心理臨床の実際第2巻　学校の心理臨床』金子書房。

倉光修（2002）「スクールカウンセラーのスーパーヴィジョン」村山正治・鵜養美昭編『実践！スクールカウンセリング』165-175頁、金剛出版。

黒川昭登（1992）『スーパービジョンの理論と実際』岩崎学術出版社

桑原知子（2022）「教育現場の『光』と『影』―教師の傷つき、SCの無力感(2)」第9回日本ユング心理学会研修会（京都リサーチパーク、2022年9月11日）。

前田重治（1987）「私のスーパーヴィジョン　心理臨床家にとってのスーパーヴィジョン」『心理臨床学研究』4巻2号、86-89頁。

増田健太郎（2019）「大学院と教育臨床現場をつなぐこれからのスーパーヴィジョンの在り方を考える」『臨床心理学』19巻3号、301-305頁。

文部科学省（2015）「チームとしての学校の在り方と今後の改善方策について（答申）」

文部科学省（2017）「児童生徒の教育相談の充実について―学校の教育力を高める組織的な教育相談支援体制づくり」教育相談に関する調査研究協力者会議（報告）

文部科学省（2020）「児童生徒の心のケアや環境の改善に向けたスクールカウンセラー及びスクールソーシャルワーカーによる支援の促進等について」

文部科学省（2022）「生徒指導提要の改訂に関する協力者会議（第9回）議事要旨」

村山正治（2020）『スクールカウンセリングの新しいパラダイム―パーソンセンタード・

アプローチ、PCAGIP、オープンダイアローグ』遠見書房。

西井克泰（2016）「『チーム学校』とスクールカウンセラー」『子どもの心と学校臨床』15号、8-15頁。

布柴靖枝（2014）「スーパーヴァイザーの在り方」皆藤章編『心理臨床実践におけるスーパーヴィジョン―スーパーヴィジョン学の構築』108-118頁、日本評論社。

岡堂哲雄（1998）『スクール・カウンセリング―学校心理臨床の実際』新曜社。

齋藤憲司（2020）「学生相談の現在」日本学生相談学会編『学生相談ハンドブック　新訂版』10-23頁、学苑社。

塩田祥子・植田寿之（2010）「ピア・グループ・スーパービジョンの意義と課題に関する考察」『花園大学社会福祉学部研究紀要』18号、173-182頁。

杉江征・杉岡正典・堀田亮他（2022）「2021年度学生相談機関に関する調査報告」『学生相談研究』43巻1号、56-100頁。

髙橋靖恵（2014a）「スーパーヴィジョン学の構築」皆藤章編『心理臨床実践におけるスーパーヴィジョン―スーパーヴィジョン学の構築』150-174頁、日本評論社。

髙橋靖恵（2014b）「スーパーヴァイザー養成を巡る諸課題」皆藤章編『心理臨床実践におけるスーパーヴィジョン―スーパーヴィジョン学の構築』50-66頁、日本評論社。

滝口俊子（1998）「コーディネーターの課題と役割」河合隼雄・大塚義孝・村山正治監修『臨床心理士のスクールカウンセリング①―その沿革とコーディネーター』36-44頁、誠信書房。

鑪幹八郎（2001）「スーパーヴィジョンの意義と課題」鑪幹八郎・滝口俊子編『スーパーヴィジョンを考える』3-12頁、誠信書房。

徳田仁子（2000）「スクールカウンセリングにおける統合的アプローチ―心理的援助と学校教育の相互作用」『心理臨床学研究』18巻2号、117-128頁。

鵜養美昭（1997）「学校コミュニティと心理臨床」鵜養美昭・鵜養啓子『学校と臨床心理士―心育ての教育をささえる』127-167頁、ミネルヴァ書房。

山本和郎（1995）「心の問題への二つのアプローチ」村山正治・山本和郎編『スクールカウンセラー―その理論と展望』4-8頁、ミネルヴァ書房。

山本和郎（2000）『危機介入とコンサルテーション』ミネルヴァ書房。

吉田圭吾（2016）「これからの展開―SV・中堅の課題」『子どもの心と学校臨床』15号、53-60頁。

第7章

警察における心理臨床実践とスーパーヴィジョン

保﨑恵理子

はじめに

　警察における心理臨床実践と聞いて、どのようなイメージが思い浮かぶだろうか。警察は、個人の生命、身体及び財産の保護に任じ、犯罪の予防、鎮圧及び捜査、被疑者の逮捕、交通の取締その他公共の安全と秩序の維持に当たることを責務としている（警察法第2条）。したがって、警察で勤務する心理職（以下、「警察心理職」という）といえば、心理臨床実践を行う姿より、ポリグラフ検査や犯罪者プロファイリング等の犯罪捜査を支援する業務に従事している姿を思い浮かべる人が多いのではないだろうか。

　警察庁が公表している資料では、令和5年4月現在、性犯罪被害者へのカウンセリングを行う警察の部内カウンセラーは、全国で182人（うち公認心理師又は臨床心理士の資格を有する職員145人）（警察庁2023a）、専門的な知識や技能を持ち、少年の非行防止や立ち直り支援、被害少年への継続的な支援などを行う少年補導職員（少年相談員等、名称が異なる都道府県もある）は850人となっている（警察庁2023b）。また、インターネット上では、藤井（2018）など警察職員のメンタルヘルス対策に関わる臨床心理士が紹介されている。都道府県

警察によって多少の違いはあるが、警察では多くの心理職が採用され、犯罪被害者を対象とする犯罪被害者支援部門、少年やその保護者を対象とする少年警察部門、警察内部の職員を対象とする厚生部門などに配置され（佐橋2023）、各部門の所管業務に沿った心理臨床実践を行っている。

　公認心理師の活動状況等に関する調査（日本公認心理師協会 2021）では、「保健医療分野」を主たる活動分野とする者の割合が30.2％、「教育分野」が28.9％であるのに対し、「司法・犯罪分野」は3.8％である。さらに、「司法・犯罪分野」のうち、法務省矯正局関係（少年鑑別所、少年院、刑事施設等）が38％に対して警察関係は約18％となっているように、警察心理職は、心理職全体からみるとごく少数である。そのため、他の分野と比べて、警察の心理臨床実践について語られる機会は少ない。また、警察は被疑者を逮捕するための捜査機関として重要な役割を担っており、心理職の活動が捜査活動と並行して行われることも多く、守秘義務の観点からその実践を語ることは難しい。警察における心理臨床実践があまり知られていないのは、こうした事情からであろうと筆者は考えている。

　本稿では、架空事例を挙げて警察における心理臨床実践の一端を紹介し、その実践とスーパーヴィジョンの関係について検討したい。なお、本稿中、意見についての部分は筆者の私見である。また、本稿には犯罪被害に関する記述が含まれるため、心が落ち着かなくなる方もおられるかもしれない。その時は本を閉じて、一休みしていただければと思う。

第1節　犯罪被害者支援部門での心理臨床実践

　犯罪被害には、生命を奪われ、身体を傷つけられ、財産を奪われる、といった直接的被害だけでなく、被害によって引き起こされる精神的ショック、働けなくなって生活が困窮するといった経済的問題、刑事手続にまつわる精神的・身体的負担など、副次的な被害の存在も大きい。警察は、被害の届出、被疑者の検挙、被害の回復・軽減、再発防止などを通じて犯罪被害者やその家族、遺族（以下、「被害者等」という）と最も密接に関わり、被害者等を保護

する役割を担う機関であり、被害者等の視点に立った各種施策を推進している。我が国の犯罪被害者支援は、1980年の犯罪被害者等給付金支給法の成立による経済的援助が始まりとされている。警察では、1996年に警察庁が「被害者対策要綱」を策定して以降、組織的に犯罪被害者支援に取り組んでおり、2005年の犯罪被害者等基本法の施行により、より一層その取組が促進されることになった。警察が行う犯罪被害者等支援の具体的施策は「相談・捜査の過程における犯罪被害者等への配慮及び情報提供」「精神的被害の回復への支援」「経済的負担の軽減に資する支援」「犯罪被害者等の安全の確保」「犯罪被害者等支援推進のための基盤整備」が挙げられているが（警察庁 2023c）、心理職が主に関わっているのが、「精神的被害の回復への支援」である。犯罪被害者等基本法に基づき、2005年に閣議決定された犯罪被害者等基本計画（以下、「基本計画」という）では、「警察において、被害少年が受ける精神的打撃の軽減を図るため、保護者の同意を得た上で、カウンセリングの実施、関係者への助言等の継続的な支援を推進する」として、警察でカウンセリングを実施することが明記された。基本計画は5年ごとに見直されており、第二次基本計画（2011年）以降は、「警察における性犯罪被害者に対するカウンセリングの充実」も加わり、警察心理職には、部内カウンセラーとして被害者の精神的被害の回復を図る役割が期待されている。

　犯罪被害者支援部門での心理臨床実践事例を紹介する前に、事例の背景となる犯罪被害者支援部門の心理職（以下、「カウンセラー」という）の勤務環境について、筆者を例に説明したい。都道府県警察には、警察本部（東京都は警視庁）と警察署が置かれ、警察署の下部機構として交番や駐在所がある。筆者の所属先では、警察本部に犯罪被害者支援室があり、カウンセラーはそこに配置されている。被害の届出や事情聴取などの捜査活動を通じて被害者と密接に関わっているのは、主に警察署に所属する捜査担当の警察官（捜査員）や被害者支援担当の警察官（被害者支援要員）であり、カウンセリングの依頼は、捜査員や被害者支援要員を通じて行われることがほとんどである。派遣要請のタイミングは、被害発生当日の場合もあれば、被疑者が検挙された時や被害者が裁判に証人として出廷を求められた時など、さまざまである。依頼があれば、警察本部にある相談室に被害者を招致して面接を行うことも

あるが、被害者の利便性等を考慮して、事件を取り扱っている警察署や被害者の自宅などにカウンセラーが出向くことも少なくない。このようにして被害後早期から、捜査活動と並行して被害者に関わることができるのは、警察のカウンセラーの特徴であろう。

　以下に事例を示し、カウンセラーによる被害後早期からの支援について紹介したい。なお、事例は筆者が経験した複数の事件をもとに作成したものであり、支援は個々の被害者の事情に沿って行われていることから、以下の記述は警察が行う犯罪被害者支援のほんの一例である。

事例1　被害者への支援

　X警察署の捜査員から、未明に発生した事件の被害者への対応を依頼する電話があった。被害者は、病院を受診した後、事情聴取を受けているということだった。私（犯罪被害者支援室に勤務する部内カウンセラー）は、被害者の名前や年齢、被害状況などを確認し、すぐに向かうことを告げて電話を切った。そして、上司に捜査員から聞き取った内容を報告して出張の許可をもらい、「カウンセリングのご案内」リーフレット[(1)]を携えてX警察署に向かった。X警察署に到着して刑事課を訪ねると、ちょうど事情聴取が終わったところとのことで、すぐに相談室に案内された。相談室では、被害者であるAさんがぼんやりと「被害者の手引」[(2)]冊子を眺めていた。捜査員は被害者に、本部から来たカウンセラーだと私を紹介し、心配なことがあれば何でも相談するよう言い置いて、Aさんを自宅に送り届ける準備をするために相談室から出て行った。私は自己紹介をしてから、Aさんの対面にある椅子に腰かけた。冊子から目を離して顔を上げたAさんに、「捜査員から事情は聞いています。病院のことも、捜査のことも、大変でしたね」と声をかけた。私は、被害のことを聞きにきたのではないということが伝わるよう、何から話を聞こうかとしばらく考えてから、「警察官がたくさん来て、驚いたでしょう」と尋ねてみた。Aさんは、固い表情のままだったが、そうですね、と小声で応じてくれた。私は、長時間の捜査協力を労い、「今日はいろんなことがあったので、家に帰ったらまずはゆっくり体を休めてくださいね」と伝えた後、少し間を置いてから、「帰る前にこれからのことを少しだけ説明させていただい

てもいいでしょうか」とＡさんにリーフレットを手渡した。Ａさんがリーフ
レットに視線を落としたことを確認してから、記載内容をゆっくり読み上げ
た。そして、心身の反応は突然の被害の後に生じる自然な反応であり、安心
できる環境で自分のペースで過ごすことで時間とともに落ち着いてくるもの
である、と説明をした。そして「もしこうした反応のために日常生活がうま
くいかなくなったり、１か月経っても気持ちが落ち着かなかったりする時は
相談してほしい」とリーフレットに書かれた警察本部の電話番号を伝えた。
Ａさんが黙ったままだったため、「そうは言っても、警察本部には電話しに
くいですよね。しばらくは捜査員と連絡を取り合うと思うので、まず捜査員
に相談してもらってもいいですよ」と付け加えると、Ａさんはほっとしたよ
うに頷いた。私は、Ａさんをサポートしてくれる人が身近にいるかどうか確
認するため、相談できる相手はいるか、家族はどうかといったことを尋ねた。
私が被害のことに触れないとわかったＡさんは安心したようで、家族のこと
や日々の生活状況について話してくれるようになった。話が一段落したとこ
ろで私は、「そろそろ帰る準備もできたでしょう」とＡさんに伝え、気にな
ることがあれば担当の捜査員に相談するよう再度伝えて面接を終えた。面接
時間は約30分だった。その後、私は捜査員に今後の捜査予定を聞き、Ａさん
と会う時にはカウンセリングの要否を確認して、希望があればまたカウンセ
ラーの派遣を要請するよう依頼して活動を終えた。

　数週間後、捜査員から、Ａさんがあまり眠れていないようなので病院を紹
介してあげてほしいと連絡があった。私はＡさんに電話し、受診希望を確認
した上で、病院の予約や初診時の付添いができること、公費負担制度を利用
できることなどを伝えた。しばらく話し合った結果、私から病院を予約し、
あらかじめ犯罪被害者であることを伝えておくことになった。初診時、私は
Ａさんと一緒に病院に行き、窓口で公費負担制度の手続きを行った。また、
診察を待つ間、今後、受診時の付添いやカウンセリング等の支援が必要にな
った時のために、犯罪被害者等早期援助団体（以下、「援助団体」という）(3) につ
いて説明し、利用を勧めた。Ａさんは利用を希望し、援助団体への情報提供
に同意した。診察が終わり、Ａさんと別れた後、私は警察本部に戻り、すぐ
に情報提供の手続きを行った。後日、援助団体の支援員とＡさんの顔合わせ

を行い、以後の支援を援助団体に引き継いだ。

事例2　遺族への支援

Ｙ警察署管内で事件発生との一報を受け、同僚の警察官とともに、被害者支援専用車両でＹ警察署に向かった。亡くなったのはＢさんということだった。Ｙ警察署に到着すると、Ｂさんの両親がすでに到着しており、相談室で捜査員から説明を受けているところだった。説明を終えた捜査員は、警察本部の犯罪被害者支援室員が支援について説明する、と伝えて退室した。入れ替わりで私が相談室に入ると、両親は押し黙ったまま椅子に座っていた。まだＢさんの顔も見ていない両親に、どう声をかけたらよいだろうか。いきなりカウンセラーだと言われても困るだろうと思い、「私は本部の犯罪被害者支援室から来た支援担当の職員です」と自己紹介した。両親は黙ったまま私のほうを見ていた。私は、「座らせていただきますね」と言って椅子に腰かけ、一呼吸置いてから「捜査員がＢさんに会っていただく準備をしている間、これからのことを説明させていただきます」と伝えて、「被害者の手引」を両親のほうに向けて机の上に置いた。私は、冊子を開き、刑事手続の流れについて簡単に説明した。両親は黙ったままだった。私はさらに、支援制度のページを示して、「ここには今後利用できる支援制度が書かれています。私はカウンセラーでもあって、私が担当するカウンセリング制度も紹介してありますので、お時間のある時にお目通しいただければと思います」と伝えた。「カウンセリングは必要になるかも……」と両親が小声で話している様子を見て、私は「いつでも利用できるので必要な時にはおっしゃってください」と伝えて申込方法を教示した。一通り冊子の説明を終え、両親に質問はないかと尋ねたが、今は思いつかない、ということだったので、「わからないことが出てきたら、いつでも遠慮なくお尋ねください」と言って面接を終えた。面接時間は約15分だった。その後、両親は捜査員に案内されてＢさんと対面した。私は同僚の警察官と一緒に少し離れたところでその様子を見守った。

被疑者が逮捕され、検察庁に送致された後、検察庁から連絡があった。両親を検察庁に招致し、検察官が今後のことを説明することになったが、両親がカウンセラーの同席を希望している、とのことだった。数日後、私は検察

庁で久しぶりに両親に会った。検察官からの説明を待つ間、検察庁の一室で私は、両親に葬儀後の生活の様子などを尋ねた。両親は、家族だけではＢさんのことをなかなか話題にできないが、こうして話しているといろんなことが思い出される、と涙を浮かべながら思い出を語った。私は両親の話に静かに耳を傾けた。その後、裁判への被害者参加を希望した両親に弁護士への相談を勧め、弁護士会の被害者相談窓口を紹介した。また、両親の同意を得て、援助団体への情報提供も行い、裁判所での支援を依頼した。

　裁判では、援助団体の支援員と弁護士が両親に付き添った。私も時間が許す限り傍聴に行き、休憩時間や裁判終了後に、裁判の感想などを両親と語り合った。裁判が終わり刑が確定した後、私は両親に連絡し、以後の支援は援助団体が担当するが、相談にはいつでも応じることを伝えて、継続的な支援は終了とした。

　犯罪被害者等基本法に示されているように、犯罪被害者支援は、被害に遭ったその時から、再び平穏な生活を取り戻すまで途切れなく行われる必要がある。警察は、被害直後から被害者に関わる公的機関であり、そこに所属するカウンセラーは、被害後早期から専門的支援を無償で提供することができる。事例に示したような被害後ごく早期、捜査活動が行われている段階で出会う被害者等は、まだ被害体験が続いているような、心が脅かされている状態であることが少なくない。そのため、被害者等の心に触れるような関わりは慎重に行われる必要がある。上田（2016）が指摘するように、警察で実施するカウンセリングの場には、被害者等が治療を求めてやってくることはなく、今の気持ちが軽くなるのであればといった漠然とした動機や、周りから勧められたという理由であることが多い。事案によっては、事例２で示したように、警察が行う支援の一環としてカウンセラーが最初から被害者等に関わる場合もある。事件・事故に遭わなければ、心理臨床の場に訪れる機会がなかったかもしれない人が、被害に遭ったがためにカウンセラーと会うことになった時、被害者等をさらに傷つけることのないように、また、支援の押し付けにならないように、どのように関わっていけばよいのだろうか。

　トラウマに対する心理療法に関しては、多くの研究が行われており、

EMDRや持続エクスポージャー療法、認知処理療法、ナラティブエクスポージャーセラピーなど、さまざまな技法が開発されている。慢性的にトラウマ反応が続いている場合には、医療機関の受診やこういったトラウマに焦点化した心理療法が必要となってくるだろう。しかし、被害後のごく早期に支援を行う場合は特に、被害者等にはまだ精神的反応や症状が顕在化しておらず、カウンセリングへのニーズが生じていないことに注意を払わなければならない。被害後早期の心理的介入についてもさまざまな研究が行われているが、確立された介入方法が見出されているわけではない。筆者は、この時期の被害者等に対しては、カウンセリングを提供するのではなく、将来、何か問題が生じた時に相談しようと思ってもらえるような関わりが重要と考えている。そのため、被害者等との最初の面接では、先の見通しを持てるよう、刑事手続の流れとともに被害後によくみられるトラウマ反応とその回復の経過について説明し、困った時には誰に何を相談すればよいか、どんな時にカウンセリングを利用すればよいかといったことを伝えるようにしている。その際には、限られた時間の中で、全てを伝えようとして一方的に話し続けることにならないよう、被害者等のペースに合わせて言葉を紡ぎ、面接の場が被害者等にとって安心できる、安全な場となるよう心がけてきた。しかし、こうした危機介入的な被害者等との出会いは、多くても数回、時には1回限りであり、カウンセラーの関わりが被害者等にとってどうだったのか検証することは難しい。犯罪被害という圧倒的な脅威や衝撃を体験し、混乱した状態にある被害者等にとって、自分に必要な支援は何かを考え、適切な支援機関にたどり着くのは容易なことではなく、早期に支援やケアにつながることは、その後の精神的回復に大きく関わるものである（鶴田 2017）。警察の犯罪被害者支援において、カウンセラーがどのように関わることが被害者等の役に立つのか、これからも議論を重ねていく必要があるだろう。

　犯罪被害という衝撃的な出来事に対して、筆者はいつも自分がいかに無力であるかを痛感させられる。また、被害者等と時間を共にする中で、筆者の中に理不尽な出来事に対する憤りや社会への強い不信感といったさまざまな感情が生じる経験をしてきた。夜道を歩く時に何度も振り返ってしまうことや、家族のことを必要以上に心配してしまうこともあった。こうした、被害

者や被災者への支援に従事する支援者に生じる変化は、「二次的外傷性スト
レス」や「惨事ストレス」といわれ、重篤化するとさまざまなメンタルヘル
ス上の問題が生じ、支援活動が継続できなくなる可能性も指摘されている。
警察心理職の二次的外傷性ストレスについて論じられる機会は少ないように
思うが、質の高い支援を継続して提供していくためには、もっと議論されて
もよいのではないだろうか。筆者の心理臨床実践は、筆者の実践を見守って
くれる上司や同僚、心理職の活動を理解し、協力してくれる警察官の存在に
よって支えられてきた。また、被害者支援の現場で心理職として機能し続け
ることができたのは、他府県警察の警察心理職との出会いやスーパーヴィジ
ョンによるところが大きいと感じている。この点については、後に詳しく述
べることとする。

第2節　厚生部門での心理臨床実践

　警察の厚生部門では、警察活動の基盤となる職員を心身の健康と生活の両
面から支えるためのさまざまな業務が行われている。筆者の所属先では、警
察本部の厚生部門に健康管理センターが置かれ、産業保健スタッフとして産
業医、保健師及び心理職が配置されている。健康管理センターでの心理職の
担当業務は、職員のメンタルヘルス対策である。厚生労働省の「労働者の心
の健康の保持増進のための指針」（厚生労働省 2006）では、職場におけるメン
タルヘルス対策を効果的に進めるためには、セルフケア、ラインによるケア、
事業場内産業保健スタッフ等によるケア、事業場外資源によるケアの四つの
ケアを継続的かつ計画的に行うことが重要とされていることから、心理職は、
職員からの相談に対応するだけでなく、職員のセルフケア研修や幹部職員を
対象としたラインケア研修の開催、ストレスチェックの実施、メンタルヘル
ス不調により休職した職員への復職支援などさまざまな業務を行っている。
こうした業務は、厚生労働省の指針に沿ったものであり、警察以外の事業場
で行われているものとそう違わないと思われる。
　したがって本稿では、警察職員に特徴的なメンタルヘルス上の問題と考え

られる、惨事ストレスへの対応を取り上げたい。惨事ストレスとは、職務を通して日常的にトラウマを引き起こすような出来事や被災者に接することで生じるストレスのことをいい、警察官だけでなく、自衛官、海上保安官、医師、看護師なども体験するといわれている。警察では、職員の惨事ストレス対策に取り組んでおり、2022年には警察庁において、多数の職員が強い惨事ストレスを受けるような事態が発生した時に、精神科医、公認心理師等の惨事ストレスに係る専門家等を現地に派遣して、惨事ストレス対策に対する助言指導等を行う「惨事ストレスケアチーム」が発足している（警察庁 2022b）。

　ここでは、都道府県警察での取組の一例として筆者の所属先で行っている惨事ストレス対策を紹介する。なお、本事例も筆者の経験に基づき作成したものである。

事例3　災害派遣隊(4)への惨事ストレス対策

　Ｚ地方で大規模な自然災害が発生し災害派遣隊が派遣されることになった。私（厚生部門で産業医、保健師とともに産業保健スタッフとして勤務するカウンセラー）はすぐに担当部署に連絡し、災害派遣隊が出発する前に惨事ストレスに関する研修時間の確保を依頼した。派遣当日、私は講堂に集まった隊員に資料を配布して研修を行った。資料は産業保健スタッフが作成したもので、惨事ストレスに関する情報とともに、熱中症や感染症、くぎの踏み抜きなどの外傷に関する説明と対処法を記載し、派遣中の健康管理を心身両面から呼び掛けるものとした。研修では、要点だけを説明し、休憩時間等に資料に目を通すよう依頼した。

　数日後、災害派遣隊が帰任した。隊員は、各自休暇を取る予定になっていたことから、帰任して帰宅する前に調査票を配布、回収して隊員の健康状態を確認することにした。調査票は、現地での活動状況と活動後の心身の変化を尋ねる災害救援者ストレスチェックリストと健康相談の希望の有無を尋ねる質問等からなり、最後に自由記述欄を設けた。また、産業医から面接対象者に選定された場合は産業保健スタッフから連絡があることも隊員に伝えてもらった。回収された調査票は、産業保健スタッフが確認し、産業医が惨事ストレスの影響が心配される隊員数名を面接対象者として選定した。私は面

接対象者に連絡して産業医の面談日程を調整した後、当該隊員の了承を得た上で上司に連絡し、惨事ストレス対策のため隊員を健康管理センターに招致して面談を行うことを伝えた。

　帰任後3週間から1か月の間に行われた面談では、産業医が面接対象者の健康状態や仕事の状況を確認した。面談の結果、ストレス反応が生じているため経過を見る必要があると判断された隊員への対応を私が担当することになった。約1か月後に当該隊員に部内メールを送り様子を尋ねたところ、不調を感じることなく勤務できている旨の返信があった。私は、今後も心身の健康について気になることがあれば、気軽に産業保健スタッフに相談するようメールを送り、対応を終えた。

　惨事ストレス対策は、個々の職員が惨事ストレスへの対処法を身に着けてもらうことと、強いストレスを受けた職員には速やかに産業保健スタッフによるケアを行うことを目的として行っているが、同時に、こうした取組を継続することで、職場のメンタルヘルス風土の醸成も目指している。厚生部門では、心理職として個人を支援するだけでなく、組織を支援するという視点が必要と筆者は考えている。加藤（2016）は、産業心理臨床において組織と個人を支援する場合、職場における個人の組織行動を理解しアセスメントする個人レベルの視点、組織の風土や文化はどのようなものかといった組織全体を見る組織レベルの視点、さらに個人レベルと組織レベルの中間になる職場レベルの視点を持ち、それらが相互作用しつつ快適に活動性が高い状態で両立するのを目指すことが重要としている。個人を対象とした心理臨床に関する教育を受けてきた筆者にとって、組織レベルの視点をいかに養い、それを心理臨床実践にどう生かすかは大きな課題である。組織を理解し、アセスメントする能力は、支援機関ではない警察において心理臨床の場を作り出す上で厚生部門以外の部門でも有用であろう。産業分野を主たる活動領域とする公認心理師は、司法・犯罪分野に次いで少ないが、今後展開が期待される領域とされており（金井 2016）、この分野での教育研修の充実が図られることを期待したい。

第3節　警察における専門研修とスーパーヴィジョン

　筆者は、医療機関等で非常勤心理職として勤務した後、現在の所属先に採用された。都道府県警察によっては心理職の身分が警察官や技術職員の場合もあるが、筆者の所属先の心理職は一般職員として採用されている。警察官は採用時教養として都道府県警察学校の初任科課程に入校し、大卒者で6か月、高卒者で10か月の初任研修を受け、警察官として必要な知識や技能を身に着けていく。一般職員も一般職員初任科に入校するが入校期間は1か月である。警察学校で組織について学び、ともに入校した一般職員と同期生としてのつながりを持つことができたことは、筆者の職業人生の大きな支えになっている。しかし心理職としての専門研修がないことは、最初の臨床心理士として採用され、先輩の心理職に学ぶことができなかった筆者にとっては、非常に心細いものであった。

　警察と同じ司法・犯罪分野に分類される心理職のうち、家庭裁判所調査官や心理技官（矯正心理専門家）などの国家公務員は、採用時には集合研修により初任教育を受け、配置先では、上司や先輩職員がスーパーヴァイザーとなって、実務の中でスーパーヴィジョンが行われている（橋本 2011；三浦他 2023）。心理技官では、節目の集合研修において、スーパーヴァイザーのための講座も設けられているそうである（川島 2019）。一方、警察心理職は、都道府県警察ごとに採用される地方公務員であり、毎年採用があるものではないため、各都道府県警察において初任時や節目に専門研修を行うことは難しい。警察庁では、全国警察で被害者へのカウンセリングを担当する職員等を対象とした専門研修が行われているが、国家公務員のように体系化されたものではない。筆者の所属先では、心理職の知識や技能を向上するために、部外で行われている各種学会や研修会に参加するための費用が予算措置されており、予算の範囲内であれば業務として学会や研修会に参加することが可能である。筆者はその時々の担当業務に関連した研修会等に参加しているが、そうして得た知識を警察での心理臨床実践に生かしていくためにはスーパー

ヴィジョンが欠かせないと考えている。

　スーパーヴィジョンについて、警察庁では、犯罪被害者等施策関連予算に、都道府県警察が部外の精神科医、臨床心理士等をアドバイザー[5]として委嘱するための都道府県警察費補助金が予算措置されており（警察庁 2023d）、また、厚生部門においても、警察庁の惨事ストレスケアチームに所属する部外の専門家であるアドバイザーから、都道府県警察の産業保健スタッフが助言指導を受けることができる体制が整備されるなど、警察においてもその必要性が認められつつあるように思う。実際にどのようにスーパーヴィジョンが行われているかは都道府県警察によってかなり異なっていると思われるが、ここでは、筆者の所属先で行われている取組を紹介したい。

　筆者の所属先では、複数の部門に臨床心理士の資格を持つ心理職が配置されており、毎月１回、全員が集まり、部外の臨床心理士をスーパーヴァイザーとして警察本部に招き、２時間のグループスーパーヴィジョンが行われている。各心理職は年に２、３回、事例を報告することになるが、どんな事例をどのように報告するかは報告者に任されており、同じ事例を継続して報告することも、１回限りの面接事例を複数報告することも可能である。このグループスーパーヴィジョンは、筆者が採用されて部内の心理職が複数人になったことを契機に始まったもので、退職や新規採用に伴い多少顔ぶれが変わったものの、ほぼ同じメンバーで20年以上続いていることになる。警察心理職は守秘義務の観点から、部外の研修会等で事例を報告することは難しいが、このグループスーパーヴィジョンは警察内で行われているため、安心して話せることが特徴である。この20年余りの間にスーパーヴァイザーは何度か交替しており、その都度グループスーパーヴィジョンの雰囲気は変わっているが、この原稿を書いている時点のグループスーパーヴィジョンでは、スーパーヴァイザーに「あなたはどう思う？」と尋ねられることが多く、スーパーヴァイザーのコメントを聞くというよりは、その場にいる全員が対等な立場でお互いに学び合うという雰囲気があるように思う。筆者にとってグループスーパーヴィジョンは、警察での心理臨床実践のありようを考える機会であるとともに、苦労や困難を分かち合う場でもある。筆者がこれまで何とか勤務を続けることができたのは、このグループスーパーヴィジョンの経験によ

るところが少なくない。教育や保育、看護等の現場では、専門家として互いに成長し合える関係性を「同僚性」といい、さまざまな研究が行われている。教師の同僚性について、紅林（2007）が「教育活動の効果的な遂行を支える機能」「力量形成の機能」「癒しの機能」の三つの機能を挙げている。心理職の同僚性についてはほとんど論じられていないが、「教育活動」を「警察における心理臨床実践」に置き換えれば、グループスーパーヴィジョンによって心理職の間に同僚性が形成されたと言えるのではないだろうか。

　警察庁が行う専門研修は全国警察から同じ業務を担当する警察心理職が集まることから、交流の場としても貴重な機会である。研修を通じて繋がった全国の警察心理職とは気軽に相談でき、お互いに学び合うことができる仲間である。かつて筆者がとても困難な状況にあり、誰にも相談できず疲弊しつつあった時、状況を察した彼らが励ましのメッセージを送ってくれるということがあった。その時筆者が困難に耐え、最後まで業務を遂行できたことも、その後も仕事を続けていることも、仲間の存在あってこそだと思う。こうした同僚性とも言える警察心理職同士の関係の重要性はもっと認識されてもよいのではないだろうか。警察庁の専門研修は犯罪被害者支援部門を中心に行われているため、それ以外の部門ではなかなかこういった機会がない。今後、警察心理職において同僚性を高める研修機会が増えることを期待したい。

　ここまで職場内で行われている研修やグループスーパーヴィジョンについて述べたが、最後に個人スーパーヴィジョンについても触れておきたい。グループスーパーヴィジョンが筆者の心理臨床実践の支えになっているのは確かである。しかし、参加者が同じ職場に勤務する心理職同士ということもあって、お互いに個人的な部分には触れないよう配慮したやりとりになるため、実践を行う中で体験したことについて深く考える場としてはなかなか機能しにくい。筆者は、個人スーパーヴィジョンで自分自身の体験に丁寧に向き合い、その後の実践に生かしていきたいと考えているが、筆者の所属先では個人スーパーヴィジョンが行われていない。警察心理職には公務員として厳しい守秘義務が課せられており、また、冒頭でも触れたように犯罪捜査に関連して実践を行うことも少なくないという事情から、部外のスーパーヴァイザーに私的に相談に行くことが難しい。警察内で個人スーパーヴィジョンを行

う体制をいかに構築していくかは今後の課題である。

第4節　これからの警察臨床に向けて

　カウンセリングや心理療法は、自発意志で来談したクライエントに対し、カウンセラー（セラピスト）が、治療構造が安定した相談室で、個人の内在的な問題を解決することを主眼として発展してきた経緯がある。しかし、多様な領域で生活する、さまざまな境遇の人たちに心理的支援を行うには、従来の相談室における活動だけでは不十分であり、ニーズを抱えた人のいる現場に赴き、混乱した状況の中で心理的支援を行うアウトリーチ活動が次第に重要な活動スタイルとして定着してきた（小澤 2017a）。小澤は、アウトリーチ活動を「援助ニーズを持つクライエントが生活する場において実施する支援活動」と定義し、ダメージを受けたクライエントの心理的回復を促進するという目的においては、従来の相談室での実践と同じであるものの、活動スタイルの違いは、支援者が行うアプローチ方法や支援者に求められる資質等の相違を生み出しているという。小澤（2017b）は、アウトリーチ活動に必要な能力として、関係性の構築や全体を俯瞰するアセスメント能力、主体者として困難な環境に働きかけ活動する能力、自身のメンタルヘルスの維持能力を挙げ、心理職の養成課程において、アウトリーチを前提とした能力を形成する訓練の必要性とともに、支援者の成長を支援するOJTやスーパーヴィジョン体制の導入が重要と指摘している。警察で心理職が出会うのは、自ら支援を求めることが難しい状況にある人々であり、必然的にアウトリーチ活動が心理臨床実践の中心となる。警察心理職には、そのために必要な能力を身に着けていくことが求められるであろう。

　田中（2017）は、心理療法が「アウトリーチ」する場において、心理療法家が何か具体的に役に立つことはないかと動き回ることは、心理療法家の側のある種の行動化であるとし、心理療法家は、災害や病等々でうまく機能しなくなった個人や場にひとつの「定点」として存在しようとし、「雨乞い師」の如く道が整う時期を共に待つものであると指摘する。この態度こそ、

警察で行われるアウトリーチ活動に心理職が関わることの意義ではないかと筆者は考えている。アウトリーチ活動では、支援対象者が必要とする支援を提供するために、心理職も具体的に動くことが求められる。そのような状況下で「定点」として存在し続けるためには、警察心理職にとっての「定点」として機能するようなスーパーヴィジョンが必要である。

　警察心理職に寄せられる期待は今後ますます大きくなることが予想される。国民の期待に応える警察心理職であるために、警察における研修やスーパーヴィジョンの在り方について今後さらに検討が進むことを期待する。

[註]
（1）ここで使用した「カウンセリングのご案内」は筆者の所属先で作成されているリーフレットであり、警察の被害者カウンセリングの申込先のほか、被害後によくみられる心身の反応や、どういう時にカウンセリングを利用すればよいかなどを記載している。
（2）「被害者の手引」は、刑事手続の流れや捜査への協力のお願い、被害者が利用できる各種支援制度、相談窓口などの情報が掲載されている冊子である。
（3）犯罪被害者等早期援助団体は、犯罪被害等を早期に軽減するとともに、犯罪被害者等が再び平穏な生活を営むことができるように支援することを目的として設置された営利を目的としない法人であり、都道府県公安委員会から、犯罪被害者支援に関する事業を適性かつ確実に行うことができると認められる団体として指定を受けており、被害者の同意があれば、警察から犯罪被害の概要等の情報を提供することができる。
（4）大規模災害発生時には、発生後ただちに被災地に派遣され、被災者の救助活動等を行う即応部隊と、発生から一定期間経過後に派遣され、長期間にわたって警察活動を行う「一般部隊」からなる警察災害派遣隊が運用される。
（5）ここでいうアドバイザーは、警察職員のカウンセリング技術の向上及び精神的ストレスの軽減を図ることを目的として委嘱されている部外の専門家のことであり、主に犯罪被害者支援に携わる警察職員への助言・指導（スーパーヴィジョン）を行っている。
（6）On The Job Training の略。職場で上司や先輩が、部下や後輩に対して実際の仕事を通じて指導すること。

[文　献]
藤井貴子（2018）「警察職員のメンタルヘルス―組織内の心理職としてできること」『心理学ワールド』82号。（https://psych.or.jp/wp-content/uploads/2018/07/82-46.pdf）［2023年10月17日閲覧］

橋本和明（2011）「司法臨床とスーパーヴィジョン」『臨床心理学』11巻2号、275-281頁。

一般社団法人日本公認心理師協会（2021）「厚生労働省令和2年度障害者総合福祉推進事業　公認心理師の活動状況等に関する調査」（https://www.mhlw.go.jp/content/12200000/000798636.pdf）［2023年10月30日閲覧］

金井篤子（2016）「1 産業心理臨床とは」金井篤子編『心の専門家養成講座⑧産業心理臨床実践―個（人）と職場・組織を支援する』3-16頁、ナカニシヤ出版。

加藤容子（2016）「3 産業・組織の心理学」前掲書、55-72頁。

川島ゆか（2019）「心理臨床の道は七転び八起き」『臨床心理学』19巻3号、265-268頁。

警察庁（2022）「警察庁惨事ストレスケアチーム派遣要領について（通達）」（https://www.npa.go.jp/laws/notification/kouseikanri20220114.pdf）［2023年10月7日閲覧］

警察庁（2023a）「第2章精神的・身体的被害の回復・防止への取組」『令和5年版犯罪被害者白書』22-53頁。

警察庁（2023b）「生活安全の確保と犯罪捜査活動」『令和5年版警察白書』（https://www.npa.go.jp/hakusyo/r05/pdf/05_dai2sho.pdf）［2023年10月7日閲覧］

警察庁（2023c）「警察による犯罪被害者支援　令和5年度版」

警察庁（2023d）「令和5年度犯罪被害者等施策関係予算額等調」『令和5年版　犯罪被害者白書』（https://www.npa.go.jp/hanzaihigai/whitepaper/2023/zenbun/siryo/siryo-5_02_04.html）［2023年10月30日閲覧］

厚生労働省（2006）「労働者の心の健康の保持増進のための指針（平成18年3月31日　健康保持増進のための指針公示第3号）」

紅林伸幸（2007）「協働の同僚性としての《チーム》―学校臨床社会学から」『教育学研究』74巻2号、174-188頁。

三浦由希・岸本一貴・里見聡（2023）「心理技官の成長に寄与する要因に関する質的分析」『犯罪心理学研究』60巻2号、35-46頁。

小澤康司（2017a）「第1章　緊急支援のアウトリーチとは何か」小澤康司・中垣真通・小俣和義編著『緊急支援のアウトリーチ―現場で求められる心理的支援の理論と実践』11-24頁、遠見書房。

小澤康司（2017b）「終章　アウトリーチの未来にむけて」前掲書、258-263頁。

佐橋恵美子（2023）「警察における心理臨床」河野荘子編『心の専門家養成講座⑩司法心理臨床実践』77-88頁、ナカニシヤ出版。

田中康裕（2017）『心理療法の未来―その自己展開と終焉について』創元社。

鶴田信子（2017）「第8章　犯罪被害者支援」小澤・中垣・小俣前掲書、126-137頁。

上田鼓（2016）「第2章　警察における臨床実践」小西聖子、上田鼓編『性暴力被害者への支援―臨床実践の現場から』25-65頁、誠信書房。

第 **III** 部

心理臨床スーパーヴィジョンの展望

日本の臨床心理学における
スーパーヴィジョンの始まり
――精神分析を中心に

西　見奈子

はじめに

　心理臨床には、複数のアプローチや学派、さらには多様な現場が存在しているが、それらを超えてスーパーヴィジョンの重要性が共通して語られることは注目に値する。そのスーパーヴィジョンが日本でどのように始まったのか。その一端を明らかにすることが本章の目的である。

　現代の日本では、先人たちのおかげで臨床心理学という言葉は非常に馴染みのあるものになった。しかしながら臨床心理学は元々、日本で生まれた学問ではない。海外から輸入されたものである。私は臨床心理学の中でも、とくに精神分析の歴史の研究に取り組んできたが、まだ誰も日本で精神分析を実際に見たことがなく、フロイトの書物を翻訳しながら、手探りで患者に精神分析が施行されていた時代には、さまざまな誤解や誤読も生じていた（西 2019）。それらは海外で臨床心理学や精神分析の訓練を受ける人たちが増えるにつれて、批判の対象となり、修正されていくことになるが、一方でそのまま日本独自のスタイルとして受け継がれていったものもあった。また、変更されたものの中には、誤解や誤読からではなく、日本の文化、あるいは戦

中戦後の時代状況に合わせて積極的に加えられた変更もあった。マクドナルドにもスターバックスにも日本オリジナルのメニューがあるように、文化は交わり、新たなものが生み出される。心理臨床も同じである。日本の心理臨床でも、日本でしかみられない独自スタイルや理論が生み出されてきたのである。

　本章はこうした背景を共有したうえで、日本の心理臨床におけるスーパーヴィジョンの歴史を掘り下げてみたいと思う。現代でさえ、その「密室性」（皆藤 2014）ゆえに、私たちはスーパーヴィジョンについての多くを自分のスーパーヴィジョン経験から学ばざるを得ない。事例検討会は多くの機会があるのに対して、スーパーヴィジョンの検討会はほとんどなく、やり取りの詳細が掲載されている本や論文は数えるほどである。大学の授業では、さまざまな現場の指導者たちとスーパーヴィジョンについて、日々、議論を重ねているが、入学した学生たちが揃って口にするのは、自分が受けてきた、あるいはおこなってきたスーパーヴィジョンがいかに今まで誰にも共有されてこなかったかという驚きである。

　なぜこれほどにもスーパーヴィジョンは公開されず、共有されないのか。草創期に海外で訓練を受けた精神分析家たちが残した資料にもスーパーヴィジョンに関するものはほとんどみられない。それは当時の彼らがスーパーヴィジョンを受けていなかったからだという見方もできるかもしれないが、スーパーヴィジョンをめぐる閉鎖性を考えるとそうとも言い切れない。現代においてもスーパーヴィジョンの重要性を論じる論考は数多くみられるが、その中身について具体的に触れたものは極端に少ない。精神分析も分析心理学も、森田療法も、認知行動療法、産業カウンセラーに至るまで、資格取得にスーパーヴィジョンを課しているところは多く、その必要性を論じるものはかなりの数にのぼる（たとえば、河合 1970；馬場 1997）にもかかわらず、その中身にまで踏み込んだ論文は希少なのである。

　そこで本章では、間違いなく、そうした希少な論文のひとつであり、かつ日本で最初のスーパーヴィジョンの報告とされる「監督教育 Supervision としての統制分析 Control-analysis の一症例の報告」（1954-1955）を取り上げ、精神分析史の視点から検討する。そこではまずそのスーパーヴィジョンが日

本の精神分析史にどのような影響を与えたかを考えたい。それに加えて、後半では1960年代と1970年代における精神分析以外のスーパーヴィジョンに関連した文献を検討する。これらを通して日本のスーパーヴィジョンの始まりについて考えてみたいと思う。

第1節　日本におけるスーパーヴィジョンの始まり

　現在、私が知る限り、日本で最も早いスーパーヴィジョンの報告は、小此木啓吾（1930-2003）の「監督教育 Supervision としての統制分析 Control-analysis の一症例の報告」（1954-1955）である。これは、日本で最初のスーパーヴィジョンの報告（皆藤 2014；久保 2014）とされ、小此木自身も自分のことを「スーパーヴァイジー第一号」と呼んでいたくらいであるから、小此木もこの論文が日本で最初のスーパーヴィジョン報告であることを自認していたと思われる。これは、数少ないスーパーヴィジョンの報告の中でもとくに具体的なやり取りが報告された貴重なものであるが、『精神分析研究』の第1巻から連載されたもので、小此木が古澤平作（1897-1968）にスーパーヴィジョンを受けた全7回の詳細な記録である。

　古澤は精神分析に馴染みのない人にとってはあまり知られていない人物かもしれない。古澤は1932年に欧州に留学し精神分析の訓練を受けた人物である。フロイトとも面会している。帰国後は、日本に精神分析を広めるために邁進し、日本精神分析学会を創設し、日本精神分析協会の会長も歴任した。彼が提唱した「阿闍世コンプレックス」は、日本独自の精神分析理論として国内外でよく知られ、臨床心理学の研究でも用いられている。さらに古澤から教育分析や指導を受けたものの中には、土居健郎や前田重治をはじめ、臨床動作法を創始した成瀬悟策や児童相談の霜田静志など、日本の臨床心理学の発展に大きく影響を与えた人物が多数いたことが知られている。

　一方、小此木も古澤に指導を受け、古澤亡き後、日本の精神分析の礎を築いたひとりである。小此木は『精神分析事典』（2002）や『モラトリアム人間の時代』（1978）、『フロイト思想のキーワード』（2002）など、専門書から

一般書まで精神分析の本を数多く手掛け、日本での精神分析の知名度を高めることに大きく貢献した。また臨床心理学の分野では、馬場禮子との共著である『精神力動論―ロールシャッハ解釈と自我心理学の統合』(1972) がよく知られているように、精神科医だけではなく心理職の育成に力を注ぎ、精神分析的心理療法や力動的心理療法、心理アセスメントの考え方や理論を広め、定着させていった。小此木の指導を受けたものの中には、臨床心理学を教える大学教員として、教育をおこない、学会の設立や運営に携わり、日本の臨床心理学を牽引した人物も多数含まれる。彼らが、スーパーヴィジョンをおこなう際、小此木啓吾の「監督教育 Supervision としての統制分析 Control-analysis の一症例の報告」を模範としたという声はしばしば聞かれるものである。

　日本の精神分析史において、はっきりとスーパーヴィジョン（Supervision）という言葉が見出せるようになるのは、戦後のことであり、現在、確認できる最初のものがこの「監督教育 Supervision としての統制分析 Control-analysis の一症例の報告」(1954-1955) ということになる。

(1)内容

　内容を確認してみよう。この論文は、1954年から1955年まで、『精神分析研究』1巻8号より全8回にわたって掲載された。「その1」から「その7」（「その7」は2回に分けて報告されている）まであり、「その1」では小此木の氏名だけが記載されていたが、「その2」以降は「指導　古沢平作、慶應病院インターン小此木啓吾」という形に変更されている。

　1930年代に盛り上がりを見せた日本の精神分析コミュニティは、戦火が激しくなる中でいずれも厳しい状況を強いられることとなった。終戦を迎え、日本の精神分析の中心的存在になったのは、東京の古澤平作である。古澤は1948年頃より土居健郎らとともに「精神分析研究会」を始める。そこで発行していた会報誌を1954年1月から『精神分析研究』という名に改める。これは学会化に向けた動きのひとつであり、1955年10月23日には第1回日本精神分析学会が開催されることになった。すなわち、対象論文は学会化に向けて会報誌が『精神分析研究』として発行されるようになった最初の年に掲載さ

れたものということになる。

　論文の内容は、初回面接（1954年4月26日）と自由連想の初回（1954年4月30日）の記録とそれらに対するスーパーヴィジョン、そして自由連想の2回目（1954年4月30日）の記録とそれに対するスーパーヴィジョンが綴られたものである。よって、8回に分けて報告されているものの、内容としては初回面接と2回分の自由連想に対するスーパーヴィジョンの記録といえるものである。その量は膨大で、初回面接と第1回の自由連想の記録だけで10ページに及ぶ。

　タイトルの「統制分析 Control-analysis」は近年では聞きなれない言葉である。精神分析におけるスーパーヴィジョンは、いわゆるアイティンゴンモデルといわれる精神分析家の訓練システムが発端となっているが、元来、精神分析におけるスーパーヴィジョンの考えにはブダペスト学派とウィーン学派の考えがあった。そして、ブダペスト学派においては訓練分析家が訓練分析だけではなく、スーパーヴィジョンもおこなった。これが統制分析と呼ばれるものである。統制分析の目的は逆転移の解決にあり、訓練分析中に同時並行でスーパーヴィジョンがおこなわれることが推奨された。場合によっては、小此木の論文のように、訓練分析後に統制分析がおこなわれることもあったようだが、それでは十分に逆転移を扱えないという批判がなされる（Kovács 1936）ほど、このひとり二役という同時性が重視されていた。一方、ウィーン学派ではスーパーヴィジョンと訓練分析を分けて考え、訓練分析家とスーパーヴィジョンは別々の精神分析家が担当した。やがてこのウィーン学派の方法が主流となり、統制分析はおこなわれなくなっていった。現在のIPA基準における精神分析家の訓練でも基本的に訓練分析家とスーパーヴィジョンはそれぞれ別の訓練分析家が担当することになっている。

　対象となる小此木の論文は、訓練分析後の統制分析としてのスーパーヴィジョンであり、その目的のために小此木自身の逆転移や訓練分析で取り上げられた問題への言及が多数、認められる。この点はスーパーヴィジョンの方法論の違いとして理解すべき点だろう。さらに日本では最初期にブダペスト学派の方法を採用していたことは歴史的事実として重要である。

(2)症例概要とそれに対するスーパーヴィジョンの概要

小此木は1952年10月から古澤の教育分析を受け、1954年から統制分析を受けた。論文で取り上げられている症例は小此木にとって精神分析をおこなう2例目のものであった。面接は1954年4月30日から毎週1回の頻度で開始され、第1回の報告が書かれたのは、1954年8月18日であり、継続中であった。

症例は不動産業を営む45歳男性で、主訴は絶え間なく続く頭痛、また胸の痛みである。きっかけは汽車に乗っている時に自分が落ちはしないか、飛び降りはしないかという恐怖に襲われ、その前後から頭痛が始まったとのことだった。来談経路は、内科医である小此木の父親からの紹介であった。面接は小此木の自宅の応接室でおこなわれた。設定は寝椅子ではなく、分析家に背を向け、壁に向かって椅子を置く背面法であった。

ここで解説されているスーパーヴィジョンの方法は、次のとおりである。

　　会見又は自由連想法の場面状況患者の態度印象、連想内容を記録し、
（自由連想法中には背後で速記、終了後再記録）」それを毎週1回「再演」する。

「再演」部分にはわざわざ「再読よりむしろ患者を再演す」と説明がなされているので、演じることに重きが置かれたようである。

(3)古澤による具体的な指導内容

スーパーヴィジョンにおける指導内容としては、「解釈の与え方、話し方、その程度、時期、分析医の態度、心構え等に対する注意、それと分析医自身の反応、エス及び自我の動きについての説明、次回の方針、研究点、読書勉学方針、等々」というものであった。

そのように古澤の指導内容は多岐にわたるものだったが、最も重視されたのは転移関係であった。この点は現代の精神分析と変わらないのかもしれない。「分析医が最も注意すべきは感情転移の現象である」とされ、患者が治療者に向ける感情が検討されている。

たとえば、古澤は、治療者の父に対する好感、信頼、依存心が治療者である小此木に向けられていると指摘し、その態度を「処置する」ために「潜伏

性陰性感情」を扱うことを勧めている。さらに「潜伏性陰性感情」の中身として、患者がそれまで複数の病院に通院したにもかかわらず、一、二度の通院でやめている事実から、従順な態度の裏に隠された「受身的女性的態度〈passive feminine attitude〉」があることが指摘される。また古澤はこの見立ての理解のためにライヒの本をよく読んで自由連想に挑むようにと助言している。

　転移と並び、重視されたのが、抵抗の理解であった。フロイト（1926）を熟読するようにと勧められている。抵抗については、その種類が、自我抵抗としての抑圧抵抗、感情転移抵抗、病症利得抵抗の三つと、さらにエス抵抗と超自我抵抗に区分されて説明されている。こうした抵抗の理解は、自由連想の設定にもつながるもので、古澤は自由連想法のやり方は、患者が理解できるように説明がなされなければならないとし、汽車や野球放送など、患者に親しまれるもののほうが良いと助言している。その背景には、話しづらいということを抵抗として捉え、それをいかに緩和してあげるかという理解が示されている。

　技法上の問題としては、古澤は2回目の自由連想時に最初の自由連想法をおこなって、患者にどのような変化が起きてきたか、それがこの1週間の症状や生活にどのように表れてきたのか、それらの諸反応が2回目の自由連想法の内容や分析状況にいかに反映しているかを観察、理解することを強調している。それらの諸反応に対して分析医はどのように対処すべきか、とくに解釈の問題、いつ、何のために、解釈を始めるかが技法的に重要であるというのが古澤の主張であった。

　そのため、小此木の報告に向けられた批判もこの解釈についてのものであった。自身の分析家である古澤が同じようにやっていたからという理由だけではなく、なぜこの解釈を用いたのかという理由について正しい自覚を持っていなければならないと厳しく指導されている。結果、論文の「その5」では、「何故何の目的で、如何にして、如何なる言葉を用いてこの解釈を与うべきかについて十分正しい理解を欠いていた」ことについての小此木の反省の弁が綿々と述べられることになる。患者の不安を鎮めなければならないという気持ちだったこと、古澤の真似をして解釈をおこなってしまったこと、

不安を「鎮圧してしまおう」と「盲目的に不安に没入していた」こと、「良くなりました、お陰様で」と言ってもらいたいという気持ちがあったことなどが述べられている。さらにこの問題は、古澤が実際にどのような解釈をおこなっていたかという点についての検討に繋がり、小此木が教育分析を受けていた時に記録していた「教育分析ノート」からの古澤の解釈の抜粋、古澤が通信分析で他患者におこなった解釈例、さらには研究会例会での症例報告に対する古澤の解釈まで掲載されている。そのようにして小此木は、「単なる模倣に止まらぬ、真に生きた柔軟性のある本解釈の学習およびその実施」を目指して、「その7」すなわち最後の論文まで検討を重ねるのである。

(4)「監督教育 Supervision としての統制分析 Control-analysis の一症例の報告」のその後

1960年代の臨床心理学における「スーパーヴィジョン」という用語の使われ方が、将来の展望や海外の訓練の紹介に留まっていたことを考えるならば、この1954年に発表されたスーパーヴィジョンの具体的なやり取りの記録とそこからの解説や考察はかなり先駆的なものだったと考えられるだろう。

一連の論文を発表してから3年後に開催された第4回日本精神分析学会のシンポジウム「われわれはどんな風に精神分析を学んできたか」(1958)において、小此木はこのスーパーヴィジョンを振り返っている。小此木(1958)によると、このスーパーヴィジョンは1958年の8月に古澤が病で倒れるまで毎週おこなわれ、その5年間に教育分析を受け直す期間が半年ほどあったのだという。小此木は学会に徒弟的雰囲気があるという指摘に対して、それは教育分析由来のものではなく、スーパーヴィジョンによって生じているものだという理解を示し、自身がスーパーヴィジョンでいかに古澤に厳しく指導されたかを具体的に述べている。その内容は、「どんな場合にも約束は無断で破ってはいけない」や「決して嘘や誤魔化しを言ってはならない」「状況によっては断固として人に命令したり、率直に謝ったりする勇気が必要である」といった教育的なものであった。小此木は、こうした指導について、精神分析を実施するためには厳格なモラルの厳守、技法・原則の実行、態度・振舞い・言動の調節を営むための精神の自己統制が要請されるからだ

という理解を示しつつも、「厳しいしつけをする監督教育者と、教育分析中にでき上がった分析者としての支持的で寛容な態度とか入り混じってくる」結果、「非常に複雑な矛盾した立場に追いやられる」とも述べている。

　狭い日本で体験した多重関係による訓練で小此木は相当苦労したようである。「率直にいって、私自身が同じ教室員に教育分析を行う勇気もないし、それほど適応に無謀でもありません」とその後、小此木が教育分析に対して否定的な態度を取るようになったことはよく知られている。結果、小此木は精神分析の訓練においてスーパーヴィジョンを重視するようになった。我が国に必要なのは「高度に specialyze された analyst ではなく、──そうしたものを作っても日本向きではありません──むしろ精神分析的な orientation を持った dynamic な精神科医」という考えのもと、教育分析よりもスーパーヴィジョンに注力していったのである。

　それから70年ほどが経った現在の日本では、小此木が望んだ通り、精神分析的な orientation を持った臨床家は非常に多く、「高度に specialyze された analyst」はそれに比べて圧倒的に少ない状況となっている。多重関係における訓練で体験された苦悩は、日本の精神分析の方向性を決定づけたのかもしれない。

第2節　日本の臨床心理学の草創期における精神分析以外の スーパーヴィジョン

　ここまで精神分析の視点から日本のスーパーヴィジョンの始まりを検討してきた。ここからは、精神分析以外の臨床心理学の動向について見ていくことにしよう。

　日本の臨床心理学史の起点をどこに置くかはまださまざまな意見があり、今後の研究が待たれるところではある。たとえば、心理学者の元良勇次郎（1858-1912）による精神遅滞児への支援を考えるなら、日本での臨床心理学の歴史は100年以上経ったことになる。しかし日本の臨床心理学史には、戦争による大きな断絶がある。よってここでは、戦後現在に続く形で、臨床心

理学が世間一般にも広く認知され、研究者の間でも学術的交流を求める声が盛んになった時期を始まりの時期として捉え、検討する。この視点から考えるなら、1960年代を日本の臨床心理学の草創期としてみなすことは可能ではなかろうか。

　その根拠となる最大の理由は、1964年に日本で初めての臨床心理学の学会となる日本臨床心理学会が設立されたところにある。臨床心理学者協会が発行していた『臨床心理』がそのまま学会誌として引き継がれ、1967年に『臨床心理学研究』と名称変更されて、臨床心理学の学術的発展に寄与した。そうした成果が花開いていくのが1970年代である。河合隼雄の名著『カウンセリングの実際問題』が1970年の出版であることを示すとわかりやすいだろうか。そこで、ここでは1960年から1980年代までを日本の臨床心理学の草創期として、1960年代と1970年代の文献に絞って臨床心理学におけるその始まりの概観を示すことにしたい。

(1)未知のものとしてのスーパーヴィジョン

　まず1960年代におけるスーパーヴィジョンに関連する文献には、スーパーヴィジョンの紹介とともにその必要性を訴えるものが多い。たとえば、1967年に出版された本明寛編『心理学臨床入門』においては、将来の展望として「スーパービジョンの問題」という一節が設けられている。そこでは、スーパーヴィジョンは次のように説明されている。

　　心理学臨床に経験があり、それぞれの専門領域に深い知識を持った心理臨床家が、この道の先輩として臨床経験の浅い臨床家に助言を与えたり、指導をしたり、ときには、彼らのカウンセラーとして、臨床の現場から起こった本人自身の悩みや、彼ら自らのときには生活やパーソナリティにもふれる問題にも、何らかの示唆を与えたり、心のしこりを解きほぐしてやる立場の人がいたら、初心者はずいぶん助かるにちがいない。このような立場の人をスーパーヴァイザー（supervisor）といい、このような人の指導や助言といった、いわばコーチを受ける側の人をスーパーヴァイジー（supervisee）というのである。

この文章からは、まだスーパーヴィジョンという言葉そのものが馴染みのないものだった印象を受ける。指導なのか、助言なのか、カウンセリングなのか、コーチなのか、似たようで異なる多くの言葉が並んでいるが、おそらくこれを読んだ多くの人は具体的に何をするのかわからなかったのではないだろうか。

　一方で、かなり具体的な体験が語られた貴重な報告になるのが、国立精神衛生研究所の玉井収介らの「スーパーヴィジョンについて」（1961）である。これは「スーパーヴィジョンについて聞いたことのない人はこれによって、それがどんなものであるかを知り、聞いたことがある人はさらにその内容を知ることができよう」という目的のもと座談会の様子が収録されたものである。司会を含め、８人でおこなわれたその座談会では、それぞれが自身のスーパーヴィジョンの体験を披露しているが、中にはアメリカで訓練を受けた人が含まれ、アメリカで心理療法の訓練は２年間で自分のケースを持ち、かつ週２時間のスーパーヴィジョンを受けないといけないという条件などが紹介されている。現代と異なるのは、参加者全員スーパーヴィジョンというものが、一体全体、何かよくわからないまま、スーパーヴィジョンを受けた経験があるという点であろう。そのため「とにかく何か教えてくれるのだろう」と思って受けたところ「何も教えちゃくれない」ので非常に２、３か月不満を感じた、という体験が語られたり、どんなものかわからないので受ける前にスーパーヴィジョンを体験している人にいろいろと質問したところ、「サイコセラピー的なものだ」と聞いて「非常にこわかった」体験など、その不安や戸惑いが綴られている。

　興味深いのは、その座談会にはスーパーヴァイザーとスーパーヴァイジーが参加しており、その体験について率直に語り合っていることである。たとえば「高木先生が病気になられたことは、ぼくにとってはよかったと思うのです（笑）。というのは、さっき先生が言われたように、表面に出なかったけれども、抵抗というか慣れがあった」などと、スーパーヴァイジーがスーパーヴァイザーを前にその体験を振り返る発言がみられる。このように初期にはごく小さいコミュニティの中で、スーパーヴィジョンの輪というものが徐々に広がっていったことが窺える。

そうした当時の日本の状況をさらに伝えてくれるのが、アメリカでスーパーヴィジョンというものが「これに代わるものはないほど、訓練の最良の方法である」といわれているが、それでは日本では訓練は不可能だからスーパーヴィジョンに代わるものがないだろうかと話し合っている点である。つまり、ニーズはあるけれどスーパーヴァイザーの数が日本では圧倒的に足りていないというのが、彼らが直面していた問題であった。「一対一のスーパーヴィジョンは現在望めませんが、少なくともグループでもいいから受けたい」という発言もみられるほど、人材が足りず、環境が整っていなかったことが窺える。当時の文献では、個人スーパーヴィジョンよりもグループスーパーヴィジョンの文献が比較的多くみられるのは、こうした理由も関係しているのかもしれない。

　それでは草創期には、一体どれくらいの心理職がスーパーヴィジョンを受けていたのだろうか。そこから10年以上の時が経った1973年に岩堂美智子が発表した論文から当時の状況の断片を知ることができる。大阪市立大学家政学部では、児童学専攻の卒業生が医療、教育、福祉などの分野でカウンセラーあるいはセラピストとして業務に携わるようになってきたことから、初心者の訓練の現状を把握するために、カウンセラーやセラピストとして活躍中の卒業生16名に初めて担当したケースや訓練の状況をアンケートで尋ね、その結果をまとめている。アンケートの回答においてはその8割はスーパーヴィジョンを受けたと答えていることがわかる。ただこの年代の文献ではスーパーヴィジョンといった場合に個人のスーパーヴィジョンとグループスーパーヴィジョンはあまり区別されずに用いられるため、これがいわゆる個人のスーパーヴィジョンを指すのかは定かではない。さらにどのような指導がおこなわれていたのか、そうした記述はないため、中身は全くわからない。8割が受けたとしているスーパーヴィジョンが同じものであるかは不明である。

　この文献で目を引くのは、スーパーヴィジョンの必要性の根拠として引用されている文献たちである。とくにRogers（1956）の「教える場面の雰囲気と教える人と初歩のカウンセラーとの間の関係とが、セラピーの中に存在する雰囲気や関係と同じものであるならば、若いセラピストは、治療的な経験というものを、自分の内蔵の中への知識として取得し始めるだろう」という

言葉が引かれているのは興味深い。ここからは、先の小此木のスーパーヴィジョンと同様に治療関係が重視されていることがわかる。それ以外にはGendlin（1962）の名前が並ぶが、Gendlinの『体験過程と心理療法』（1962）は、村瀬孝雄の訳で1966年に日本で出版されていたものである。そしてやはり河合隼雄の『カウンセリングの実際問題』も文献に挙がっている。こうしたところから、草創期の臨床家たちが何を道標にしていたかを知ることができる。

(2)司法領域におけるスーパーヴィジョン

　この草創期において、特徴的なのはスーパーヴィジョンに関する論文の中で家裁の調査官による論考が複数認められることである。先に触れた児童分野とともに司法分野でのスーパーヴィジョンや訓練の文献が草創期には目立つ。このふたつの領域が日本の臨床心理学の始まりにどのように寄与していたかについては今後の研究が望まれるところであろう。

　その中からひとつ紹介してみることにしたい。それは「スーパーヴィジョンの方法と技能について―主としてグループによる自己体験として」という大阪家庭裁判所の調査官8人によるグループスーパーヴィジョンの体験報告である。時期は1967年7月1日から12月31日までで、スーパーヴァイザーは当時、天理大学の助教授であった河合隼雄であった。報告者の彼らは調査官になってから16年余りそれまでスーパーヴィジョンを受ける機会はなかったのだという。この記述からは1960年代に徐々に臨床心理学の領域でスーパーヴィジョン制度が根づいていったことが窺える。

　文中では、グループスーパーヴィジョン体験が率直に語られているが、スーパーヴィジョンで「心強い安定した感情、思考」がもたらされた理由として、スーパーヴァイザーへの同一化を指摘しているところは興味深い。「調査官補を中心とした研究会や、後輩の指導を行っている研究員の発言内容、表現法、さらにはその表情を観察してみると、そこにバイザーである河合助教授を発見して驚くことがある」と綴られている。

　また、グループスーパーヴィジョンの方法についても当初、調査官の間で指導の受け方について話し合い、計画的な指導が受けられるように、ケース、

課題を整理して一定の方式によって提出しようと考えていたところ、スーパーヴァイザーから「話題提供者の望む自由なテーマと方法でやりたい」と言われ、自由な方法が取られたとも書かれている。このように計画が却下されたことについては、「各自が勝手なやり方で提出すればグループで行う意味も半減するし、混乱が起こるのではなかろうかという不安もあった。今そのことを思い起こしてみると全くの杞憂であったし、私たちの浅慮を恥しく思う」と述べられ、スーパーヴァイジーそれぞれの提起する問題や提出の方法がそのスーパーヴァイジーにとって意味のあることだったと述べられている。グループの中では、時に事例提供者に対して強い批判がなされることがあったが、スーパーヴァイザーは一貫して、事例提供者の自我を傷つけたり、意欲を失ったりすることがないよう、周到な配慮があったのだという。結果、「バイジーの成長のために」というスーパーヴァイザーの言葉は調査官の心に焼き付いていると振り返られている。河合は、スーパーヴァイザーの必要性を「バイジーに意欲とエネルギーを与え、成長の手助けをすることのみにある」と説いていたのだという。こうした河合のスーパーヴァイザーとしての言葉や態度は、現在の私たちにとっても有益なものである。さらにこうした在り様は、現在の臨床心理学に脈々と受け継がれているのではないだろうか。

おわりに

本章では、前半では日本で最初のスーパーヴィジョンの報告である小此木啓吾の報告を元に、後半では1960年代と1970年代における精神分析以外のスーパーヴィジョンに関連した文献を元に日本の臨床心理学におけるスーパーヴィジョンの概要を述べてきた。

小此木は精神分析家とスーパーヴァイザーが同じであるという多重関係に悩み、教育分析よりもスーパーヴィジョンを推奨するようになったというのは先に述べた通りである。そこには、小此木が受けたスーパーヴィジョンが統制分析としてのものだったということも大いに関係するだろう。統制分析

には積極的にセラピーの意味合いが含まれるからである。教育なのか、それともセラピーなのか、その混同に苦しみ、スーパーヴィジョンを選んだともいえる。しかしながら、ここで疑問に思うのは、スーパーヴィジョンとサイコセラピーは本当に分けられるものだろうかという点である。現代の私たちは、とくに精神分析領域では、そこには明確な区別があると考える。私もずっとスーパーヴィジョンとサイコセラピーは異なるものだと考えてきた。スーパーヴィジョンでセラピストの個人的な問題、たとえば母親を早くに亡くしてトラウマがある、とか、怒りっぽいとか、不安を感じやすいとか、そうしたセラピストの個人的問題は、スーパーヴィジョンでは取り扱わないというのは鉄則だと思ってきたし、今でもそう思っている。実際にスーパーヴァイジーがスーパーヴィジョンの中で、自分の問題について考え始めたら、私は個人セラピーを受けることを勧めると思う。セラピーとスーパーヴィジョンは訓練に必要な二本立てだからである。けれども小此木の一連の論文を含めた草創期のスーパーヴィジョンに関連する文献を読みながら感じたのは、小此木の体験ほどの濃密さはないにしても、スーパーヴィジョンにおけるスーパーヴァイザーとの関係性を通して、自分の気持ちを考え、自分のあり方を振り返り、そして自分のクライエントのことを思う、という体験は、当時の臨床家たちも、そして現代の臨床家も、多くが共有しているものではないだろうかということだった。臨床心理学は技術を学ぶことも理論を学ぶことも重要であるが、目の前にいる人との関係性を考え、そこから自分や相手のことを学ぶという知のプロセスを辿る。そうしたプロセスはスーパーヴィジョンにおいても生じるものであり、それこそスーパーヴィジョンを通して私たちが学んでいることではないだろうか。それでは、スーパーヴィジョンがサイコセラピーの代わりになるかと言われれば、それはまた別の問題だと思うのだが、その知の重なりを全く否定することはできないとも思うのである。

　先に紹介した国立精神衛生研究所の座談会（1961）において、彼らはスーパーヴァイザーとの関係から自分の何を知り、何に気づいたかを率直に語り合っていた。そこで、ある臨床家は、日本への帰国が迫った時期のスーパーヴィジョンを次のように振り返る。

このつぎはいつということを（スーパーヴァイザーが）おっしゃらなかったことがありました。きっとお忙しいからわたくしに下さる時間はないのだと思ってそれからうかがわなかった。ところがしばらく経ったら、このごろちっともこないとしかられました。そのとき、わたくしがふっと気がつきましたのは、ああ、わたくしはもう自分が帰ることを意識して独立したいのだなということです。（中略）それと同時にこれがある意味ではひとつのディフェンス（防衛）かもしれない。

そして彼女は、きっと患者も終結時期には自分の問題を言いたくない気持ちになるだろうと続けている。これは、まさに自分を通して患者を知るプライベートで密やかな営みである。そうした極めてプライベートな営みの中にスーパーヴィジョンの知は存在しているともいえる。もしかすると、それゆえにスーパーヴィジョンは密室性を伴い、閉鎖的な性質を持つのかもしれない。いかなる心理臨床も他者との生の交流の連続体であり、決して公にはならない他者とのプライベートな体験を通して自分を知っていく営みである。その営みをスーパーヴィジョンを通して、セラピスト自身がスーパーヴァイザーとの間でパラレルに学んでいくというプロセスは、日本でのスーパーヴィジョンの草創期からずっと変わらずに続いているようである。

［文　献］

Gendlin, E.T., 1962, Some proposals on psychotherapy training. Discussion papers, Wisconsin psychiatric institute, 37.(村瀬孝雄訳〔1966〕『体験過程と心理療法』牧書店)
岩堂美智子（1973）「心理治療者の訓練に関する一考察」『大阪市立大学家政学部紀要』21巻、135-142頁。
皆藤章編（2014）『心理臨床実践におけるスーパーヴィジョン──スーパーヴィジョン学の構築』日本評論社。
河合隼雄（1970）『カウンセリングの実際問題』誠信書房。
前田ケイ（1961）「私の体験したスーパービジョン」『生活と福祉』66号、16-17頁。
牧田清志、小此木啓吾、鹿野達男（1962）「大学神経科教室における精神療法監督教育supervision の報告」『精神分析研究』8巻6号、1-3頁。
本明寛編（1967）『心理学臨床入門』福村出版。

小此木啓吾（1954）「監督教育 Supervision としての統制分析 Control-analysis の一症例の報告（その一）」『精神分析研究』1 巻 8 号、7-17頁。

小此木啓吾（1954）「監督教育 Supervision としての統制分析 Control-analysis の一症例の報告（その二）」『精神分析研究』1 巻10号、3-13頁。

小此木啓吾（1954）「監督教育 Supervision としての統制分析 Control-analysis の一症例の報告（その三）」『精神分析研究』1 巻11号、1-19頁。

小此木啓吾（1954）「監督教育 Supervision としての統制分析 Control-analysis の一症例の報告（その四）」『精神分析研究』1 巻12号、5-18頁。

小此木啓吾（1954）「監督教育 Supervision としての統制分析 Control-analysis の一症例の報告（その五）」『精神分析研究』2 巻 1 号、12-16頁。

小此木啓吾（1955）「監督教育 Supervision としての統制分析 Control-analysis の一症例の報告（その六）」『精神分析研究』2 巻 2 号、7-12頁。

小此木啓吾（1955）「監督教育 Supervision としての統制分析 Control-analysis の一症例の報告（その七）」『精神分析研究』2 巻 3 号、10-16頁。

小此木啓吾（1955）「監督教育 Supervision としての統制分析 Control-analysis の一症例の報告（その七・続）」『精神分析研究』2 巻 4 号、15-18頁。

小此木啓吾（1958）「われわれはどんな風に精神分析を学んできたか」『精神分析研究』5 巻 6 号、25-40頁。

小此木啓吾（1962）「大学精神科教室における精神療法監督教育 supervision の報告」『精神分析研究』8 巻 6 号、1-3頁。

小此木啓吾（1965）「監督教育 supervision の経験から」『児童精神医学とその近接領域』6 巻 1 号、6-12頁。

小此木啓吾（1965）「精神療法の教育と訓練」『精神分析研究』11巻 4 号、6-11頁。

小此木啓吾（1978）『モラトリアム人間の時代』中公叢書。

小此木啓吾（2002）『フロイト思想のキーワード』講談社現代新書。

小此木啓吾編集代表（2002）『精神分析事典』岩崎学術出版社。

小此木啓吾・馬場禮子（1972）「精神力動論—ロールシャッハ解釈と自我心理学の統合」医学書院。

西見奈子（2019）『いかにして日本の精神分析は始まったか—草創期の 5 人の男と患者たち』みすず書房。

小野毅他（1969）「スーパービジョンの方法と技能について—主としてグループによる自己体験として」『調研紀要』16巻、53-60頁。

Rogers, C.R., 1956, Training individuals to engage in the therapeutic process. Strother, C.R. (ed.) *Psychology and mental health.* pp.76-92, American Psychological Association.

玉井収介他（1961）「スーパービジョンについて（座談会）」『児童精神医学とその近接領域』2 巻 2 号、197-209頁。

第9章

心理臨床とスーパーヴィジョンの体験

皆藤　章

はじめに

　心理臨床の実践にはさまざまな学派があり、スーパーヴィジョンもそれぞれに応じて行われている。学派が異なればスーパーヴィジョンもまたそのスタイルを変える。それぞれの学派に専心しているのであれば、これにさほど気にとめることもないであろう。また、ある特定の学派内であっても、その実際にはさまざまな異同が生まれるものである。スーパーヴィジョンは生きる人間同士のかかわり合いであるから、かかわる人間による違いはおのずと生まれてくる。この点は、学派内でそれぞれに議論されていることであろう。

　けれども、そのような学派や個人による違いはあるにしても、心理臨床の場で行われるスーパーヴィジョンには、その違いを超えて共通する要素があるのではないだろうか。そして、それを共有しておくことは、心理臨床にとって必要なことだと思うのである。また、共有することは学派や個人に通底する心理臨床の本質を理解することにつながるであろう。

　心理臨床の実際が特定の学派に統一される必然性などどこにもないし、またそのようなことがあるとするならば、それは人間の営みを極限にまで合理

化・単一化した在りようで捉えようとする心理臨床の姿に他ならない。人間の営みの細部に亘るまで、すべてが科学的に理解できるとするのは、人間の営みにたいする不遜な思想であろう。さらにいえば、人間の営みのその多様性を許容しようとする現代にあって、心理臨床の実践はそれに真摯に向き合い、そこから多様性の光と影を提示し、それによってより創造的な人間の営みに貢献する方向へと進むべきであろう。

　では、学派や個人による違いを超えて共通する要素は、どのようにすれば共有できるのであろうか。おそらくそこには、学派や個人だけではなく時代性あるいは文化という要因をも射程に入れる必要が生まれてくるであろう。幅広い視野と専門性が求められるその探究は、わたしの力量の遠く及ばないものである。ただ本稿では「スーパーヴィジョンの体験」という視点から捉えようと試みてみたい。この視点を取り上げるのは、畢竟、心理臨床の実践やスーパーヴィジョンの営みは、個々それぞれの「体験」をとおしてしか論じることができないという公理ともいえる事実があるからである。仮に書物などをとおして概念を学びそれらを論じたとしても、心理臨床という営みが生きる人間同士のかかわり合いである以上、それは机上の空論でしかあり得ない。本稿の目的は、スーパーヴィジョンという心理臨床の営みを対象化して論じることではないし、「スーパーヴィジョン」という既成のフレームについて論じることでもない。

　ここではまず、スーパーヴァイジーとしてはじめてスーパーヴィジョンに向き合ったわたしの体験の語りを綴ってみたい。そして、心理臨床家としての経験を積んだいまのわたしが、その体験をどのように捉えているのかを論じてみたい。

　はじめてのスーパーヴィジョンの体験はもう40年以上も前のことであり、記憶に頼った語りにならざるを得ないのであるが、そのときのことはいまもきわめて鮮明に覚えている。それは、このときの体験が後年のわたしの心理臨床家としての、スーパーヴァイザーとしての在りように大きな影響を与えてきたことを、おりにふれてその体験を思い返す作業を重ねるなかで、そのときどきの自身の心理臨床に思いを巡らせながら確認してきたからだと思うのである。なお、わたしのスーパーヴァイザーとしての在りようについては、

わたしのスーパーヴィジョンをスーパーヴァイジーとして体験したふたりの心理臨床家の語りがあるので、それを参照していただきたい（橋本 1998；皆藤 2014）。

第1節　スーパーヴィジョンの体験

　まず、はじめてスーパーヴァイザーの依頼を受けたときの体験から語り出すことにしたい。というのも、それ以降にスーパーヴィジョンに臨むこのようなときにかならずわたしは、自身のはじめてのスーパーヴァイジーとしての体験を想起するからである。スーパーヴァイジーの体験がわたし自身のスーパーヴァイザーとしての、そして心理臨床家としての在りように大きな影響を与えているわけである。

　「大学院生のスーパーヴィジョンをお願いしたいんだけど」。大先輩からの依頼が電話で入ったのは、心理臨床家としての訓練課程が始まって7年あまりが経ったころだった。まだ心理臨床家としてやっていけるだけの自覚や自信もなく、ようやく就いた大学教員の仕事にエネルギーを割かれながら、教育分析をとおして自身の内面を見つめていた時期のことである。臨床心理士養成大学院の制度もなく、心理臨床は不登校や家庭内暴力などの社会状況を反映して世間の耳目を集めはじめてはいたものの、高等教育の現場ではまだ隙間を埋める程度の、細々とした状況だった。

　突然の、予期せぬ依頼におおいにとまどい、「スーパーヴィジョンって、何をすればいいんですか？」と尋ねた。するとその先輩は、「ケースを聴いて、関係する本でも紹介してあげたらいい」と、いともあっけらかんというのである。これにはまったく驚いてしまったが、断るわけにもいかず引き受けることになった。そのスーパーヴィジョンは、数年続いた。まさに試行錯誤の連続だった。引き受けたからにはその内容を誰かに話して相談するわけにもいかず、事例をあいだにおいてふたりして徹底的に話し合う、そんなことを積み重ねていった。要するに、スーパーヴァイザー、スーパーヴァイジ

ーというそれぞれの立場からではなく、ふたりとも必死になって事例に向き合っていたにすぎなかったのである。ただ、事例は不思議と展開した。

　この電話を受けてスーパーヴィジョンが始まったころ、そしてそれがまがりなりにも終結してから、わたしは自身のスーパーヴァイジー体験がどのようなものであったのか、ふり返ることになった。

(1)はじまりの前に

　1981年の秋、大学院附属の心理教育相談室に、不登校の子どものことで相談したいとの申し込みが入った。ある先輩に勧められて、わたしはその子どもの母親の面接を担当することになった。もちろん、はじめてのこと、イニシャルケースだった。

　当時所属していた大学院の訓練システムでは、クライエントの面接を担当するとかならずスーパーヴィジョンを受けなければならない、そういう仕組みになっていた。教官や先輩からその理由を明確に教えられたわけではない。またわたしも、たいして疑問も抱かずにそのシステムに乗っていた。わけもわからずに、システムが流れるままにしていたのである。

　スーパーヴィジョンについて予備知識を得ようと指導教官に尋ねてみても、「まあ、行ってみたらええよ」という具合で、取り合ってはもらえなかった。ただ、先輩たちからはかならず逐語録を準備していくようにと言われていた。

　当時の研究室には、初心者は指導を受けるものといった雰囲気があって、スーパーヴィジョンというのは心理臨床の実際にかかわる指導を受けるものだといった感覚が流れていた。このような次第でわたしは、さほど要領を得ないまま、スーパーヴィジョンは「指導」であるという受けとりをしていた。

(2)スーパーヴァイザーの選択

　指導教官はスーパーヴァイザーにはなれないとはじめに釘を刺されていた。指導教官に指導を受けたいと強く希望して工学部から転じてきた（皆藤2003）わたしにとっては、どうして指導教官に指導を受けることができないのか、当時その理由がわからなかった。心理臨床の実践はそこにかかわる両者の「個」が徹底的に尊重される営みであるから、個と個のかかわり合いが

濃厚に反映されているそのなかに指導教官が介在することは、大学教員としてのその職務の公平性を揺るがすことにつながる。いまでこそ、そのようなことは承知しているし、またそれが心理臨床の本質にかかわるものであることも体験的に知っている。多くの書物にも記載されている。しかしそのころのわたしは、「指導教官が指導しないとは、いったいどういうことなんや」と憤慨すらしていたのである。しかし、その思いを正面切ってぶつけることもできなかった。

　学外の心理臨床の専門家の誰に依頼するのかは、基本的には個々に任されていた。個々の希望を指導教官が了承したうえで依頼がなされ、その専門家が引き受けるということであれば、それでスーパーヴィジョンが始まることになっていた。

　ただ、スーパーヴァイザーリストのようなものはなかった。したがって当然、研究室の先輩たちが誰にスーパーヴィジョンを受けているのかは、気になった。大学院に入って半年あまりが経てば、先輩の顔ぶれも知ることになり、また毎週のケースカンファレンスをとおして先輩たちがどのようにクライエントに会っているのか、門前の小僧なりの漠とした感じではあるにしても、それなりに掴めるようになってきていた。そうなると、「あの先輩のスーパーヴァイザーにスーパーヴィジョンを受けたい」などと思ったりしたものだった。そのスーパーヴィジョンの実際など皆目知らないにもかかわらず、である。

　また、所属の心理教育相談室が毎年発行している事例紀要に寄稿されている学外の専門家たちからの「事例へのコメント」を読み込んで、そこから自分と相性の合うスーパーヴァイザーを探すということも恒例となっていた。事例紀要に寄稿する専門家たちのコメントがスーパーヴィジョンリストの代わりになっていたといえるだろう。

　そうした一方で、先輩たちは興味深げに、「誰に決めたんや？」「○○先生はいいぞ」「◇◇先生はおまえに合わないから止めておけ」などと、したり顔で話しかけてきたりもした。同学年がたったふたりだったことも、先輩たちの関心の高さに与ったのかも知れない。

　最終的にわたしは、精神分析学派の、ある男性にスーパーヴィジョンを受

けることにした。日本の心理臨床の第一世代にあたるひとで、所属大学の学部に非常勤講師として来られていたこともあり、わたしも実際に授業を受けたことがあった。寡黙な人物で、学生の質問にもすぐには答えずじっと相手をみながらパイプをくゆらす姿を印象深く覚えていた。

わたしは、自身の人生航路の舵を大きく切ってまで心理臨床の道に進むという決断をしたのだが、それは指導教官に指導を受けたいと切望したからだった。人生を賭けてというと大げさかも知れないが、思いはひとしおだった。にもかかわらず、指導教官とは学派の異なるスーパーヴァイザーを選択することになった。積極的な理由があったわけではない。かといって消去法でもなかった。「なんとなく」というのがいちばんなじむ表現になるだろう。

(3)スーパーヴィジョンの契約

おそらく所属していた大学院の一室でのことだったと思うが、まずスーパーヴィジョンの枠組みについて話し合う時間がもたれた。週1回50分、場所はその先生の研究室。これらは予想どおりのことなので、記憶に残るほどのことでもない。だが、料金を決める段の記憶は著しく鮮明である。

「料金ですが……」と切り出すと、観察するような目でわたしをみやった先生は、「いくらなら出せるの?」と訊いてきた。とっさのことに狼狽した。もちろん定職に就いているわけではなく、授業料を払って学んでいる大学院生の立場にあったので、その問いは親切心から出たものだったのかも知れない。しかし、わたしの自尊心は擦られたように痛んだ。具体的な価格がわたしの口からは出てこない。先生は黙してそれ以上はことばを重ねない。

その当時、所属する大学院附属の心理教育相談室の活動、とくに心理臨床の実際にあっては、クライエントは1回の相談ごとに料金を支払っていた。当時は1回1600円だった。つまりその活動が公的に認められていたわけである。けれども、スーパーヴィジョンの料金についてはその埒外にあった。大学や心理教育相談室からの補助もいっさいなかった。訓練課程の大学院生は、スーパーヴィジョンにあたっては、それぞれのスーパーヴァイザーと料金交渉をすることになっていたのである。料金はもちろんスーパーヴァイジーみ

ずからが全額支払うことになっていた。

　どれくらいの時間が経っただろうか、わたしが決断しなければことは始まらない。ある程度の金額を払わないときちんと指導を受けられないのではないか、低い金額をいうとスーパーヴィジョンを安直に考えていると思われはしないだろうかなど、さまざまに思いは乱れた。だが、結局のところ払える額しか払えないのだからと腹を括って口を開いた。「1回3000円でしたら……」。「じゃあ、それでやろう」と、いともあっさりの返事だった。

　3000円は当時のわたしの生活からするとけっして安くはない金額で、往復の交通費を含めると毎月1万5000円ほどがかかり、生活費を切り詰める必要があった。この出費はかなりの痛手だった。そうふり返ると、わたしはこれから始まるスーパーヴィジョンに覚悟をもって臨もうとしたのかも知れない。あるいは、ただ若気の至りで見栄を張っただけなのかも知れない。先生がその額をどのように受けとったのかは、いまもってわからない。

(4)スーパーヴィジョンに向かう

　毎週金曜日のわたしのスケジュールにスーパーヴィジョンが入った。場所は先生が勤務していた某名門女子大学の、先生の研究室だった。所属の大学院からそこまではバスと電車で2時間あまりの距離だった。その女子大学も研究室も、わたしにはむろん未踏の地だった。

　最寄り駅に着いて、長い坂道を登っていく。ひとしきり登ると正門にたどり着く。まもなく始まるスーパーヴィジョンはどんなことになっていくのだろうと、あれこれ思いを巡らせながら歩を進めたのだが、はじめて足を踏み入れるそこは何もかもが珍しく、10分あまりの道行きのあいだは、所属の大学院とは異なる環境世界に目を見張るひとときだった。

　正門に着くとすぐに警備員（守衛）が近づいてくる。「用件は何ですか？」と威圧的な口調である。あたりまえだが、周りには女子大生しかいない。そのなかで、カジュアルな格好の20歳そこそこの男性がいれば、不審に思われても仕方がないというものである。「○○先生にスーパーヴィジョンを受けに来ました」と応えると、「えっ、スーパーヴィジョン？」「えっとあ

の、〇〇先生に指導を受けに来たんです」「あっそう。ちょっと待って」。そんなやりとりがあった。警備員は詰め所に確認をとりに行く。

とても気の滅入る10分間ほどのあいだ、自分が場違いなところに来ているのではないかという思いがこみ上げてくる。こうした状況はもともと圧倒的に苦手だった。途方もなく居心地の悪さを感じる。そうこうするうちに、確認がとれたようで、入ってよいということになって、正門をくぐってキャンパスに足を踏み入れた。けれども、女子大生でにぎわうなか、たったひとりの男性であるわたしは、もう逃げ出したい気分になっていた。

ようやくのこと研究室にたどり着いたが、先生はいない。まだ約束の時間の前なので、授業中なのかも知れない。所在なげに廊下で待っていると、授業の終わった学生たちが三々五々行き交うようになる。それを避けて、研究室の扉に背中を合わせるように立って先生を待つ。

となりは大学院生の部屋のようで、少し開いている扉越しにひそひそ声が聞こえてくる。「いやぁ、先生が新しい患者さんとらはったんやろか」「どんな病気なんやろかなぁ」「神経症ちゃうの」……。わたしのことを噂している。衆目に晒されて、また自分が周囲にとっては異質な存在と映っていることもあって、わたしは自分が惨めに思えてくる。

そうこうするうちに、廊下の向こうから先生がやってくる。「やあ！」とひと言。そして、先生はわたしを部屋に招き入れてくれた。

(5)はじめてのスーパーヴィジョンの体験

教授椅子に腰掛けた先生は、ポケットからパイプを取り出して、くゆらせる。そうしながら、応接ソファーに座ったわたしをじっと見つめる。その威厳のある雰囲気にわたしは、蛇に睨まれた蛙のようになる。緊張しながら鞄のなかから面接記録を取り出そうとすると、扉が開いて大学院生がふたり分の紅茶とクッキーをトレーに載せて入ってくる。「どうぞ」とそれらを先生とわたしのあいだのテーブルに置いていく。

面接中の飲食は厳しく戒められているので困惑していると、「これはスーパーヴィジョンだから」と先生がにこやかに言う。どぎまぎしながら、「記録をもってきました」と逐語録を渡す。それを受けて先生は、紅茶を口にし

ながら、「じゃあ、読んで」と。

　不登校の子どもを抱えた母親とのインテーク面接の逐語録を、30分あまりかけて、説明を入れながら読んでいく。

　当時不登校は、非常に多く寄せられる訴えのひとつだった。いまでこそ、不登校の子どもたちにはフリースクールなどの社会的な生活の場が設えられるようになり、ひとつの生き方として社会には一定の許容度が生まれているけれども、当時は子どもが不登校になると親はどうしていいのかわからないというのが実情だった。世間の目を気にしつつわが子の将来を案じて途方に暮れるという親が大半だったのではないだろうか。わたしが担当した母親もそうだった。それだけに、インテーク面接では母親として具体的にどうしていけばよいのか、不安とともに問いかけられることが多かった。

　読み終えると、先生は相変わらずパイプをくゆらせている。わたしのインテーク面接を先生はどう評価しているのだろう、どんな問題点や注意点が指摘されるのだろう、どんな指導が入るのだろう……などと緊張しながらことばを待つが、先生は無言である。じっと考え込んでいるようでもある。……「あの、どうでしたでしょうか？」「うん？」「いえ、何か問題点はありましたでしょうか……」「そうねぇ……」。まるで煮え切らない。業を煮やしたわたしは、面接でのやりとりの一場面を、「ここですけど」と記録のその箇所を指し示す。「どうすれば□□（子どもの名前）は学校に行くようになるでしょうか？」と母親が問うてきた場面である。「ここではこの応答でいいんでしょうか？」とわたしの応答についてコメントを求める。今日いちばん話題にしたかったことを、思い切って自分から取り上げてみたわけである。すると先生は、「ああ、それはむずかしい問題やね」と応えただけで、ちらりとこちらをみやる。パイプの煙と香りが漂う部屋のなかで、わたしにはこれ以上、どうすることもできない。相手にされていないと感じて、寄る辺のない強烈な孤独に襲われる。

　少しして、「じゃあ時間だから」との先生のことばで、はじめてのスーパーヴィジョンは終わりを迎えた。料金を財布から出して裸のまま、不満とも

怒りとも表現できるような気持ちを乗せて手渡す。先生はすっと手を伸ばしてそれを受けとり、そのまま背広の内ポケットに無造作に突っ込んだ。

　後年になってそのときのことを先生に、「先生はこれで帰りに一杯飲もうとでも思ったんじゃないですか」と冗談めかして話し、ふたりで笑い合ったことがあったのだが、そのときのわたしは、もっていきようのない思いに苛まれながら、研究室をあとにしたのだった。

第2節　体験のふり返り

　これがわたしの、はじめてのスーパーヴァイジーの体験である。この体験は、そののちの心理臨床の実践やスーパーヴィジョンのなかでくり返し想起され、そのたびに心理臨床の本質に思いを巡らせることとなった。いわば、この体験そのものがわたしのスーパーヴァイザーである、ということもできるだろう。それでは、体験の語りをふり返っていこう。

(1)心理臨床を巡る状況
　わたしが心理臨床家になるための訓練を受けた当時の心理臨床を巡る状況は、まことにお粗末なかぎりであった。それはなにもスーパーヴィジョンシステムにかぎったことではない。訓練課程がはじまったときには、まだ日本心理臨床学会も日本臨床心理士資格認定協会もなく、当然ながら臨床心理士資格認定制度もないような状況だったのである。したがって、心理臨床の学と実践の学びにはどこか徒弟制度のような雰囲気が漂っていた。学びのシステムがない以上、指導教官や先輩たちから学ぶ以外になかったのである。当時、スーパーヴィジョンを「指導」だと受けとっていたのも、その一端はこうした背景的状況に拠るものではないかと思われる。

　このような状況のなか、人間の行動を探究する心理学（行動科学）という既存の学問のパラダイムが学びのひとつのモデルになっていた。それは科学的方法論を用いるモデルであり、当初は心理臨床も人間のこころを探究する学問としてそのモデルを取り入れていったわけである。概括的にいえばそれ

は、クライエントの症状や問題行動に焦点づけてその解消や解決をめざすというようなモデルに則ったものであった。時代もまた、高度成長にともない科学の知による世界観が社会に遍く拡がり始めていたころであった。大多数の人たちは、なにか問題が起こったとき、それを解決するために因果論的なモデルにしたがっていたということができるだろう。心理臨床の学と実践もまた、同様であった。

ところで、1981年に始まった訓練課程から15年あまりが経ったころ、心理臨床の実践についてわたしは、次のようなことをたしかにそうだと思うようになった。すなわち、いわゆる科学モデルに則ったこれまでの心理臨床の実践は、それ自体を評価することにやぶさかではないけれども、実践のその場における両者のこころはかならずしも双方の役割の枠内ではたらくだけではなく、実際にはともにその場に生きるふたりとして実在しているのだという体験的事実である。このことからすぐに浮かぶのは、「答えはクライエントが知っている」とか「先行きに難渋したときにはクライエントの判断に委ねろ」といった、当時耳にした河合隼雄の語り口である。心理臨床の実践というのは、「心理臨床家が〜したから……になった」というような因果論的なスタイルで語れるものではなく、実践のその場には科学的あるいは論理的には捉えられない在りようが生まれてくるものである。これは実践それ自体が教える真理でもあり、生きる人間同士のかかわり合いの本質でもある。

たとえば、身体障害のわが子の育児に疲弊したクライエントが、吐き捨てるように、「あんたなんかに何がわかるんや！」とことばを投げつけてくるとき、ひとの「生きる」にわたしは「穿たれる」体験を味わってきた。まったく、同じように幾度となくクライエントに穿たれてきた。それはまさに、わたしの「生きている次元が穿たれる体験」（皆藤 2003）であった。

考えてみれば、このようなクライエントのことばは、わたしの人生とはまったくかかわり合いのないものである。けれども、そのことばはわたしを穿つのである。それは、そのことばが「クライエントという個を超えた世界に生きているからではないだろうか」（皆藤 2003）。クライエントのことばはときに、個を超えて普遍に開かれた体験を伝えるのではないだろうか。そうなると、わたしもまた同じ人間としてそのことばの意味するテーマを内に抱え

て生きている存在なのではないだろうか。そう思うようになっていったのである。

　「クライエントに起きていることは私にも起きていることである。……ほんの僅かでもいいから、この境地を味わうと、単にセラピスト対クライエントではなく、クライエントとともに行く人、同根の人ということになります」（近藤 1988a）との精神分析医の近藤章久のことばは、当時のわたしの内で不思議な響きをもってこころに残るものであった。わたしはそのように、体験的に思うようになっていった。そして、科学モデルに則った心理臨床の実践に留まり続けることに強い違和を感じるようになったのである。

　また、その当時、近藤章久が親鸞の自然法爾を引きながら、「われわれが生きているのは、これは自然なのです。自ずから然らしめられて生きているのです。自分の所作ではないわけです」と語り、このことがわかるには、「どうしても色々と現実の経験をして65歳位を越さないと、なかなか我欲が強くてならないと思います」（近藤 1988b）と添えた語りに出会ってもいた。そして、その年齢を越したいまになってまさに、そのように生きてきて、いま生きているということを実感したりもするのである。

　これは後年になって出会った印象深い語りなのだが、心理臨床の実践は「不思議な縁によって展開していく」のであり「この点、治療者個人の力を超えている」（加藤 1996）という精神科医の加藤清のそれがある。

　ふたりの先賢ともに、科学をパラダイムとする医学を専らとするなかで、心理臨床の実践における本質的在りようを語る。「我欲」なり「治療者個人の力」と表現されるそれは主体的な在りようのことだが、そこに留まっていたのではひとの「生きる」にふれることができないというのである。ふり返ってみればわたしもまた、そのような在りようでは如何ともしがたい母と子の姿に導かれるように科学の世界から心理臨床の世界へと参入してきたのであった。

　こうした心理臨床の実践におけるわたしの実体験は、直接的には誰に指導を受けて導かれたものでもない。もし誰かに指導されていたとしたならば、このようにしてクライエントのことばから体験をとおして学ぶことはなかったであろう。それはひとえに、クライエントの「生きる」からの学びである。

いまにして、「まあ、行ってみたらええよ」などと、具体的な指導をいっさいしなかった指導教官の姿勢は、訓練課程の大学院生に心理臨床の厳しさを伝えるものであったように思うのである。指導されるほど楽なことはない。自分が受け手の位置に留まり続けられるからである。そうではなくて、自分が自身と向き合う発し手の位置に生きてみること、そのことこそが真の意味での成長へと与るのである。そのことを体験せずに、どうしてクライエントにそれを求めることができるであろうか。

　スーパーヴィジョンは、スーパーヴァイジーが自分と向き合う作業に他ならない。スーパーヴァイザーはたしかに経験を積んだ心理臨床家であるが、本質的にはそれを伝える者として在るのではなく、その経験をもとにしつつスーパーヴァイジーと同様に、自分と向き合う作業にかかわっていく存在として在るのである。

　臨床心理士を養成するシステムが整備されたいま、スーパーヴィジョンはどのように在るのだろうか。システムに則ることは、自分と向き合う濃度を薄くする危険と背中合わせである。その危険性を引き受けてシステムが整備されたいま、システムが心理臨床家としての「個」を創造する培地であるための努力が求められているように思う。

(2)スーパーヴァイザーの選択

　それにしても、どうしてあのスーパーヴァイザーをわたしは選択したのだろうか。いまもって、そのときの決断の根拠を思い出すことはできない。「なんとなく」などと表現するといい加減な選択だとみる向きもあるかも知れないが、そのときは正直にそんな具合だった。いまにして思えば、自分の判断を信じて飛び込んでみるしかない、ということだったように思う。それは、心理臨床家としてのわたしが創造されるための、かけがえのない決断でもあった。

　現在、スーパーヴァイザーの選択は臨床心理士養成大学院の事情によってさまざまであろう。選択肢が少ないという場合もあるだろう。この点、わたしの場合は幸運だった。また、指導教員がそれぞれの状況に応じてスーパーヴァイザーを大学院生に推薦するという場合もあるだろう。スーパーヴァイ

ザーによってスーパーヴィジョンは変わりうるから、その選択が慎重である
に越したことはない。しかし、いかに慎重であったとしても、スーパーヴィ
ジョンに臨むふたりはいずれ未体験の領域に踏み入ることになるのであるか
ら、予想だにしないことは当然ながら起こってくる。要はスーパーヴィジョ
ンという場における体験を生き抜くしかない。それはちょうど、クライエン
トが心理臨床の実践の場に臨んで体験する在りよう、ひいては私たちが人生
という場に臨んで体験する在りようを生き抜くことと同じ道行きであるよう
に思われるのである。

　さて、所属していた研究室の雰囲気は心理臨床の勃興期だけあって、どこ
か牧歌的な感じである。ただ、それぞれがみずからの心理臨床に向き合う強
い感覚があったがために、逆に周りの動向が気になるといったことは、おそ
らくあっただろう。別の表現をすると、「個」が重視されてもいたのである。
システムの整備が充分ではないため、個人の判断に信を置く度合いが高くな
っていたという事情もあっただろう。そしてまた、具体的な指導をいっさい
しなかった指導教官の姿勢は、大学院生にとってみれば自分自身で判断する
ことを求められていると受けとられていたのである。

　わたしのように指導教官に指導を受けたいと望む大学院生は数多くいた。
考えてみれば、指導教官は指導するためにいるのであるから、それを望んで
も的外れなことはない。だが、心理臨床家を養成するための指導というのは
「個」を徹底的に鍛えることにあり、それはいわばそのための場を設けて、
そして基本的にはなにもせずに心理臨床家としての「個」の成熟を見つめる
ことなのであろう。これは自身がその立場になってみて感じたことでもある。
それはまた、心理臨床の実践における本質といってもよいのではないだろう
か。わたしにとってのスーパーヴィジョンは、そういう体験であった。そし
て、スーパーヴァイザーはそのようにしてスーパーヴィジョンの場にあった
ように思われるのである。

　まだ勃興期のこのころ、河合隼雄はスーパーヴィジョンについて論じるな
かで、スーパーヴァイザーの機能として、ユング心理学の“constellate（布
置する）”という考え方を援用して、次のように語っている（河合 1970）。
「constellate という感じを説明するのは非常にむずかしいですが、一番簡単

にいいますと、何もしない、ということであります。何もしないで、座っていると二人の間に何かが生まれてくる、だからスーパーヴァイザーの一番すばらしい人というのは、何もしない人であると思います。教えもせず、喋りもせず、受容もせず座っているけれども、スーパーヴァイジーの方が、どんどんえらくなっていく、というふうなのが最高のスーパーヴィジョンであると思います。まあ、そういう人はめったにおりませんが、別に暖かく受けいれてくれたのでもない、別に何を教えてくれたのでもない、ところがあの人に話していると、何か知らぬが、事柄がどんどん解決していく、というふうなスーパーヴァイザーがおれば、それは本物であります」。そして、そのようなスーパーヴァイザーの態度を次のように述べている。「外的には何もしていない状態に見えながら、内的には新しく生まれ出てくる可能性に対して十分に開かれた態度なのだと考えられます」。ユング派分析家の資格を取得してまもないころであるから、どこか荒削りさをも感じる強い熱量をもったこの語りは、当時のわたしには茫洋として掴みどころのないものであった。だが、この語りにふれてから心理臨床家としての道行きを40年あまり歩いてきたいまにして思えば、その道行きは、この語りを身をもって体験してきたときであったように思われるのである。

(3)スーパーヴィジョンの契約

　なんといっても、料金を巡るやりとりについては幾度も考えさせられた。このことは、いま思うと、「関係」というものを料金というまさに現実的（世俗的）な尺度で考えさせられたはじめての体験であった。

　ひとと人との関係においては、なにがしかの行為に対価（報酬）を支払うということが日常的に行われている。たとえば受診する場合をイメージしてみよう。私たちは、医師の診察を受けたのち、定められた料金を支払う。これは、医療制度に組み込まれていることである。だが、どの医師に診察を受けるか、どの病院を受診するかの選択は、基本的には患者の側に任されている。私たちは、より安全で安心できる医師の診察を受けようとするだろう。その場合の「安心」とは、社会においてある程度共有されている感覚でもある。加えて医療行為は医学モデルに則って行われるがために、その方法とい

うものはほぼ確立されている。このようにみると、医療を受けるという場合には、医師ないしは医療との関係にたいする、ある程度の社会的な安心感が共有されていることがわかる。だからこそ、私たちはその関係に身を置くことができるのである。

　だがその当時のわたしに起こっていた事態は、それとは異なるものであった。目の前にいるこの先生が「信頼」に足る心理臨床家なのかどうか、まったくの未体験で見当もつかなかった。スーパーヴィジョンのシステムについても、わたしには「指導」といった程度の受けとりしかできていなかった。論文や書物や先輩の助言から、その先生は信頼できると思ってはいるものの、わたしにはスーパーヴィジョンがどのように行われるものであるのか、そこでいったいなにが起こるのか、まだ未体験なままだったのである。そのような状況で、しかもわたしが料金を設定しなければならないというのは、スーパーヴィジョンがなにかもわからない状況で、その関係に見合う対価（報酬）をわたしが決定しなければならないことを意味していたのである。門前の小僧のわたしにとって、きわめて困難な判断が求められていたということができる。

　ところで、心理臨床の実践やスーパーヴィジョンに料金がともなうことは、いまではそこに臨む両者にとって常識である。だが、その額についてはどうであろうか。現状では、制度として統一された料金は設定されていない。それぞれの組織や個人がみずからの判断において額を設定している状況である。はたして、その判断に与っているのはどのような要因なのであろうか。設定された額はクライエントやスーパーヴァイジー、そして世に棲まう人たちにはどのように映っているのだろうか。臨床心理士養成大学院が整備されたいま、「関係」という見地からこの点について考えてみることは、けっして世俗的なことではなく心理臨床の本質にふれる議論につながるように思われる。

　かつて心理臨床における料金について河合隼雄は、「料金を払うことによって、クライエントは気がねすることなく、自分の意志や感情を治療者の前に表現することができるのである」（河合 1981）と説明している。要するに、料金を支払うことでクライエントは安心して自身の内面を語ることができるというわけである。それはスーパーヴィジョンにおいても妥当するであろう。

だが、わたしに生じていたことはそういう一般論ではなかったように思う。どういうことかというと、スーパーヴィジョンという場への安心感ではなく、わたしにとってはスーパーヴィジョン関係、つまり関係への「信頼感」を巡る事態だったと思われるのである。

　「安心と信頼は違う」（伊藤 2020）。そう、美学を専らとする伊藤亜紗はいう。その意を簡潔にまとめてみよう。ひとと人との関係における、なにが起こるのかわからない不確実な状況のなかで、その不確実性をなくしていくことから生まれるのが安心（感）である。しかし、そもそも不確実性はなくならないという前提に立ってみるとき、不確実な状況にあるにもかかわらず、それでもひとと人との関係がもたらすものに賭けようとすることから創られるのが信頼（感）である。

　このことは、心理臨床にとって非常に意味深い知を語ってくれているのではないだろうか。たとえば、臨床心理士養成大学院が整備されていくということは、社会に是認される一定水準の臨床心理士を生み出すことであり、それは臨床心理士の活動を巡る不確実な状況をなくしていくことにつながるであろう。それは社会に安心感をもたらすであろう。そして、そのようにシステムを整備することは、臨床心理士養成を一定の管理下に置くことにもつながる。それはまた、「個」の在りようの自由度を制限する事態でもある。

　けれども、「生きる」という道行きから不確実性がなくなることはない。自然災害や突発的な事態・事故を想起すればすぐにわかるように、人生には予期せぬことが起こるものである。心理臨床の実践は、そのような人間の「生きる」にかかわる体験世界である。心理臨床の実践やスーパーヴィジョンにおいては、不確実な状況のなかに身を置きながら、ふたりしてそこから生まれる創造的な在りようを生き抜くことが求められているわけである。クライエントやスーパーヴァイジーは、そこにおける関係に身を置いて生きようとする。そのためには「覚悟」が求められる。因果論的な法則性の下で安心を求めるのではなく、関係性の下で創られる信頼に委ねようとする覚悟である。

　心理臨床家やスーパーヴァイザーはその覚悟に応えなければならない。不確実な状況に身を置いてふたりして生き抜いていかなければならない。精神

科医療の豊富な経験から、帚木蓬生はそのための姿勢として"negative capability"（帚木 2017）の重要性を指摘する。また、そこにおいて体験される「人間理解への普遍性に開かれた」専門家としての在りようを、わたしは「臨床性 Clinicality」（皆藤 2014）と表現している。こうした姿勢や体験は、およそ科学のパラダイムのなかから生まれたのではない。かかわり合いや関係の総体としての「生きる」体験のなかから生み出されたものである。

　スーパーヴィジョンの契約において、わたしに生じていた料金を設定するという事態は、スーパーヴィジョンにおける関係がもたらすものに「あなたはいくら賭けますか？」という先生からの問いかけであったように思う。

　いくぶん世俗的な表現になったが、つまりは先生とのスーパーヴィジョンという関係に自分がどれほど信を置こうとしているのかが試されていたように思うのである。周囲の評価がどうであっても、スーパーヴィジョンというふたりしての営みに生まれる信頼感は、そのふたりの関係からしか創られてはこないわけであり、料金の設定こそはその作業の始まりを告げるできごとであったということができるのではないか。

(4)スーパーヴィジョンへの道行き

　片道およそ2時間を長いとする向きもあるかも知れないが、ことはそれほど合理的ではない。つまりその時間はクロノスとしてではなくわたしにとってはカイロスつまり体験としてのときだったわけである。2時間あまりをかけて、スーパーヴィジョンに向かう。その場所は、わたしの日常の生活体験とは異なるところにあり、その道行きもまた日常とは異なる体験である。大学院生の視界にもわたしは異人然（まれびと）と映っている。このような世界体験は、非日常というほどではないにしても、やはりそれはわたしにとって心理臨床家になるためのイニシエーションの体験だったように思う。

　このことは、スーパーヴァイジーになってはじめて体験されるものであった。後年になって教育分析の体験が始まったが、そこでもやはりアナリザントとしてのイニシエーションの体験があった。このような体験は、心理臨床家として生きるうえではかけがえのないものではないかと思うのである。

　このような体験をとおしてわたしは、クライエントが日常とは異なる場所

に自身の意志で覚悟して訪れるということ、衆目のなか時間をかけて来談するということ、これらのことは、たんにやって来るということではなく、それは新たに自分の生きる道を見出そうとする当人の思いによって支えられているということを知った。そして、そのことを肝に銘じてクライエントに会うことができるようになっていった。おそらく、スーパーヴィジョンの体験がなければ、この地平に導かれることはなかったであろう。

(5)スーパーヴィジョンという生成の場

あの、はじめてのスーパーヴィジョンのときは、いったいなんだったのだろう。ことあるごとにふり返って、何度も考えてきた。そうしていまのわたしは、あれは心理臨床家になるためのイニシエーションの体験であり、その洗礼を受けたひとときだったと考えるようになった。

そのときの、先生とわたしの姿勢は実に対照的である。わたしは自身の面接がどのように評価されるのかを気にしていたし、また具体的な応答を指導してもらおうとも思っていた。しかし先生はそうしたわたしに指導どころか、「それはむずかしい問題だ」というだけでなにもしなかった。その、なにもしないことにわたしは憤ってしまっていた。

その当時のわたしは、誰しもがそうであるように、家庭教育や学校教育など生活の到るところで評価や指導を受けてきていた。それがわたしの人格形成に与っていた。しかし、心理臨床の実践やスーパーヴィジョンはこれまで体験してきたそのような人間関係とは次元の異なる営みであることを、このときわたしははっきりと知った。評価や指導をいっさいしない先生の姿勢をとおして、心理臨床の本質にふれたといってよいであろう。そのときわたしは、評価や指導などではなく、なにかが生まれる時空間に存在を置いていたということができる。

先に取りあげた伊藤亜紗はそのことを「生成モード」ということばで、「伝達モード」と比較しながら論じている（伊藤 2020）。「伝達モード」では関係における役割分担は明瞭で、発し手から受け手へとメッセージが一方向に伝達されていくのであり、メッセージは発し手の内にある。これにたいし「生成モード」とは役割分担は不明瞭で、発し手は受け手にもなり逆もまた

しかりとなって、双方向的なやりとりをとおしてメッセージが生成されていく。わたしが体験したスーパーヴィジョンはまさに生成モード、そこにおいてなにかが生まれる時空間であった。

　ところで、教育分析の体験から少しずつ意識されてきたことでもあるのだが、心理臨床家としてのわたしにとって、父性を鍛えることは当時の課題でもあった。つまり、自分よりも知識がはるかに豊富で、人生経験も豊かで、そして権威のある存在に向き合うときに、自分を支える自分という存在をたしかなものにしていくことが求められていたのである。スーパーヴィジョンの体験はまさしくその課題に向き合うものでもあった。スーパーヴァイザーと向き合うことは、わたしには父性を鍛えることにつながっていた。もしかすると、わたしの無意識はそれを意図してあの先生をスーパーヴァイザーに仕向けたのかも知れない。スーパーヴィジョンの体験をとおして、少しずつではあるが、クライエントは全存在を賭けて心理臨床家と向き合っているのだという意識が、わたしに明瞭になっていった。

　わたしは先生に、どうすればわが子が学校に行くようになるのかとの問いにたいする応答の是非について問うている。それにたいして先生は直接的にはなにも答えていない。これはいわばあたりまえなのであって、先生がそれに答えられるはずはないのである。問うわたしがどうかしている。その母親に会っているのはわたしであって、先生がその母親を知っているわけではないし、また唯一無二の存在である母親の問いにたいして、その正解が記された教科書などがあるわけでもない。つまりその答えはその母親とわたしの関係のなかからしか導かれないのである。

　しばしば、スーパーヴァイザーには答えがあると思ってしまう。なにかしら示唆を与えてくれるものだと思ってしまう。だが、仮に得られたとして、それが正しいかどうかは誰にもわからない。要は、心理臨床の実践における関係を生き抜くことなのである。心理臨床の実践やスーパーヴィジョンは、「生きる」という正解のない人間的事態を、当のふたりして生き抜くものなのである。

第3節　心理臨床を生きるということ

　かつて、いかにして心理臨床の本質を論じることができるのかに思いを巡
らせたときがあった（皆藤 2004）。心理臨床が人間の営みに深くかかわる実
践である以上、そこにおける合理的には相容れない不可思議な世界の体験を、
心理臨床家はいかにして語り得るのかという問いに向き合ったときである。
本稿では、いかにして「スーパーヴィジョンの本質」を論じることができる
のかという問いの前に立つことになった。ここでも同様に、心理臨床家とし
てのわたしの体験を中心に据えて、その体験をとおしてもたらされた「何が
スーパーヴィジョンなのか」を問いながら筆を進めてきた。ここでわたしの
いう「心理臨床家としての体験」というスタンスは、心理臨床という専門性
の枠内でのことのみを指すのではなく、わたしが生きていることそれ自体が
心理臨床家としての体験と不可分であるというニュアンスを色濃くするもの
である。

　素朴にみつめてみると、心理臨床の実践の場を心理臨床家とともにすると
いうのは、クライエントにとってみれば自身の人生の一部にしかすぎない体
験である。そして、心理臨床学にはこれまで、実践の場に生起する事象とい
うクライエントの人生の一部だけを切り取って論じてきた歴史がある。たし
かにそれは、それなりの成果を挙げてきたということができる。しかしそれ
だけでは心理臨床学がめざそうとする人間理解には手が届かないのではない
だろうか。そうわたしは思っている。

　クライエントの語りを聴くにつけ、それが語り手の人生を濃厚に反映して
いるということは、心理臨床家であれば実にしばしば経験することである。
そこには、一回性のかかわり合いの場において、自身の人生に思いを馳せる
語り手の内界が現出する。それはたとえば、「わたしはこれからどう生きて
いけばよいのだろう？」とか「わたしは何のために生まれてきたのだろ
う？」などといった、生きることそのものを問う語り手の姿である。

　わたしは、1998年に一書（皆藤 1998）を上梓したことを契機として、語り

手の人生に深くかかわる心理臨床家として生きることを自身の立ち位置としてきた。その位置から語り手のこころに深くかかわり、語り手が「いかに生きるのか」を中心に据えて日々の心理臨床の実践に携わってきた。また、慢性疾患や不治の病いを生きる人たちに心理臨床家としてかかわるようになったことから、「いかに生きるのか」は「いかに死ぬのか」というテーマと融合するようになっていった。こうした心理臨床経験はおのずと「人間」を主語にした思索へと展開し、人間理解への深い探究へと展開するようになっていったのである。

　こうしたわたしの立ち位置は臨床という営みを人生というスパンで考える志向性を生んでいった。語り手と聴き手それぞれの人生のなかに臨床はあるのだと考えるようになったのである。こうして、わたしにとって臨床とは、何かが生まれるときは何かが死ぬときでもあるという真理を実感する実践となっていったのである。

おわりに

　スーパーヴィジョンの体験とは、たんに既存のノウハウを学ぶだけのものではない。人間のこころを探究する実践的学問領域が産声をあげてからというもの、スーパーヴィジョンの必要性はつとに言及され、さまざまに議論されて今日に到っている。臨床心理士養成大学院が整備されていくなかでも、その必要性は変わらずに位置づけられている。またさらに、スーパーヴァイザーを養成する大学院博士後期課程の講座も誕生した。「スーパーヴィジョン」を冠した学問の構築も始まった（皆藤 2014）。

　スーパーヴィジョンを巡るこうした状況は、その生産的展開とみることができるが、その一方でわたしは、かつて心理臨床の本質に思いを巡らせたときと同じような危惧を抱いている。それは、スーパーヴィジョンの実際が生きる人間同士のかかわり合いであるという真実の意味するところが置き去りにされていく危険性である。スーパーヴィジョンのフレームを理解するだけでこと足りるのであれば、スーパーヴィジョンはマニュアルに堕してしまう

であろう。そして、「心理臨床の本質に生きる『個』が隠蔽される危険性が高まってくる」(皆藤 2004) であろう。心理臨床の実践はもちろんのこと、スーパーヴィジョンもまた合理化とは相容れない生きる人間同士のかかわり合いであるという真実から目を背けずにいたい。

［註］
（1）京都大学大学院教育学研究科臨床実践指導者養成コースウェブサイト（https://www.educ.kyoto-u.ac.jp/education_science/clinical_practice_instructor_training_course/）［2023年10月6日閲覧］

［文　献］

帯木蓬生（2017）『ネガティブ・ケイパビリティ―答えの出ない事態に耐える力』朝日選書。

橋本尚子（1998）「事例　スーパーヴァイジーとしての体験を中心に」小川捷之・横山博編『心理臨床の実際第6巻　心理臨床の治療関係』285-295頁、金子書房。

伊藤亜紗（2020）『手の倫理』講談社選書メチエ。

皆藤章（1998）『生きる心理療法と教育―臨床教育学の視座から』誠信書房。

皆藤章（2003）「臨床教育学の構想―体験をとおしてもたらされた 覚 書」皆紀夫編『臨床教育学の生成』33-57頁、玉川大学出版部。

皆藤章（2004）『風景構成法のときと語り』誠信書房。

皆藤章（2014）「スーパーヴィジョンにおける臨床性」皆藤章編『心理臨床実践におけるスーパーヴィジョン―スーパーヴィジョン学の構築』175-208頁、日本評論社。

加藤清（1996）「真の癒しへの黄金の糸」『癒しの森―心理療法と宗教』187-238頁、創元社。

河合隼雄（1970）「付章　スーパーバイザーの役割」『カウンセリングの実際問題』258-281頁、誠信書房。（大阪高等裁判所管内家庭裁判所調査官合同自庁研修会（1968年）における講演の再録）

河合隼雄（1981）「心理療法における場所・時間・料金について」『臨床心理事例研究』8号、京都大学教育学部心理教育相談室。（河合隼雄（1986）『心理療法論考』96-111頁、新曜社所収）

近藤章久（1988a）「精神療法における宇宙的体験の意味」『文化と精神療法―日本人と自然』79-81頁、山王出版。

近藤章久（1988b）「親鸞と自然」『文化と精神療法―日本人と自然』64-66頁、山王出版。

第10章

心理臨床スーパーヴィジョンの展開と課題

高橋靖恵

第1節　執筆にあたって

　2004年、我が国ではじめて大学院博士後期課程での臨床実践指導者養成コースが京都大学大学院教育学研究科に設置されて、2023年で20年となった。一方、日本心理臨床学会が創設され、第1回大会が九州大学で開催されたのは1982年であった。2023年には第42回大会開催という歴史を刻んでいる。心理臨床実践においてスーパーヴィジョンが必須であると掲げ、臨床心理士の養成やその認定においても、スーパーヴィジョン経験を重視してきた流れに沿って、前者の京都大学における指導者養成が始まったと理解している。よってこれらふたつの歴史は、心理臨床学の歴史でもあり、その指導者の在り方を模索する歩みにつながっている。私自身はちょうど1982年に大学院修士課程に入学して、心理臨床実践の活動と訓練が始まった。したがって、私の心理臨床家としての歴史は、日本心理臨床学会の歴史と重なる。

　本書は、前書『心理臨床実践におけるスーパーヴィジョン』（皆藤章編、日本評論社、2014年）の拡充発展版として企画された。私が前書で複数章の担当をした際、当時としてはできる限りの考察を重ねて執筆をしたが、心理臨床

実践はこの10年でさらに大きな変化を余儀なくされてきたと考える。したがって本章としては、前書からの展開点をまとめながらその後の私自身の体験も踏まえ、まとめていくこととする。とくにここで、前書第3章「スーパーヴァイザー養成を巡る諸問題」（髙橋 2014）を取り上げてみると、そこで図示した流れは、コンサルテーションから訓練分析（教育分析）まですべてを網羅しようとしたところがあり、あらためてそれぞれの再検討をすることで明快になると思われた。それによって今回新たに我々の「スーパーヴィジョン学」を手に取っていただいた先生方にも、前提となる思考を理解いただけると考える。

第2節　心理臨床スーパーヴィジョンの多様性

　前述のように、この10年で心理臨床の世界は大きく変化することとなった。それは公認心理師の国家資格化である。公認心理師の責務には、スーパーヴィジョンも訓練セラピーの文言もない。そして、更新制がないことが取り沙汰されているが、2023年段階では、更新制を持ったシステムに移行するとは明言されていない。そこに臨床心理士との明確な区別をみることができる。

　私は決して公認心理師批判をするつもりはない。私自身両方の資格を有している。願わくは、両資格がうまく併走し、現代社会を覆っているすべてのこころの問題に取り組んでいけたらと思う。したがっていずれの資格の有無を問わず、こころの支援に携わるすべての専門家にとって、スーパーヴィジョンの大切さをあらためて伝えたい。

　臨床心理士は昭和63年（1988年）に資格認定がスタートして、2023年度には35年となる。そして、公益財団法人日本臨床心理士資格認定協会ホームページ（2023年10月検索）によれば、令和5年（2023年）4月1日現在で4万749名の「臨床心理士」が認定されているとのことである。心理臨床家の資格としてこの世に出た臨床心理士は、当初から、その業務や永続的な訓練の必要性をうたってきている。

　臨床心理士は、心理療法・心理アセスメント・地域支援の実践に加えて臨

床心理学研究の遂行が求められる。それぞれの業務について必要な指導を受けていくことも、臨床心理士となった者の義務と考えられる。私は本章において、公認心理師としても生涯訓練は必要という立場で論をすすめる。そして、複雑な心理検査等も実施でき、医療、教育、福祉、司法矯正、個人開業等さまざまな領域で活動する臨床心理士を主軸とする「心理臨床家」としてそのスーパーヴィジョンの近年における展開をまとめる。

(1)心理臨床コンサルテーションの展開

　前書からの展開としてはじめに挙げておきたいのは、スーパーヴィジョンと共に心理臨床実践現場で活用されるコンサルテーションである。他領域の専門家との討議をふまえ、ここ数年で思うところを補足しておきたい。

　あらためてコンサルテーションについて辞書で調べてみると、単に「相談」「専門家に諮問すること」「専門家の協議によって効果的な援助を考えること」といった意味が出てくる。英国タビストッククリニックでのコンサルテーション面接の経験から、その重要な視点を深くそして細やかに説明しているHobson（2013）の書籍は、私にとって、アセスメント面接での重要な視点をもたらし、処遇（治療方針）を短期間で明快にするための深い理解を与えてくれた。よって、私の理解では支援方針を多角的視点から捉えていく側面も、コンサルテーションの重要なところといえそうである。もちろん、これは英国の医療事情とも関連している。ここで示されたコンサルテーションを、多職種の専門家によって支援を検討することと要約することもできよう。これは主として、医療や経済的な現場で用いられている。今日では、心理臨床実践現場でのコンサルテーション、他職種現場でのコンサルテーション、カンファレンス形式のコンサルテーション、といったさまざまなものが展開されている。

　臨床心理士がスクールカウンセラーとして、学校での問題解決のために個人心理療法とは別に検討を行うことは、教育現場で実践されることの多いコンサルテーションの例といえる。教員やスクールソーシャルワーカーといった、学校現場で活動する専門家と共に問題を考える立場である。

　ここまで述べてきたようにコンサルテーションという意味と活用を鑑みて

「心理臨床コンサルテーションとは、心理臨床家（臨床心理士）が、対象となる組織の個人や集団に対して適切にアセスメントをして、他職種の専門家と共に支援方針についての助言を行ったり、継続的な検討を行ったりすること」と再定義してみたい。そうなると1回あるいは数回限りの緊急問題の解決のために招集されて検討する場合と、継続的に実施されている場合があることも網羅できる。

　したがって、心理臨床コンサルテーションは、次の三つに大別できよう。

　①1回または短期間での緊急支援のためのコンサルテーション。

　②組織内で継続的に実施されているコンサルテーションであるが、メンバーは固定されていない。

　③組織内で、継続的にメンバー固定で実施されているコンサルテーション。

　この流れに沿って、メンバー間の凝集性や問題理解の深さも異なってくる。

　私自身ここ20年近く、おおよそ固定された養護教諭らによって構成されたメンバーと共に学校現場で起きている個別事例や支援状況の検討を重ねてきている。これは、それぞれ異なった組織から教員が集まってくる固定の研究会で、コンサルテーションというには、専門的深さやグループの凝集性も高いことから、グループ・スーパーヴィジョンの特性をも感じさせる。それは、個人の検討を行うのと同時にその背景となる組織への働きかけも含めて検討がなされ、発表者が組織内で孤立をすることなく、支援に携わることが可能な検討会に成長しているからである。

　このように、現代におけるコンサルテーションは多岐にわたる活動になり、それぞれの現場で回を重ねることで、グループ自体の成長がみられていく。この際は、上述のようにそれぞれの集団の特性やそのなかで起きる個人の問題についてのアセスメントが重要になる。どのような背景を持つ組織であるのか、そこにうごめく力動はどのようなものであるかを丁寧にみきわめていくのである。より成長したグループになっていくこと、それが当該地区や領域に留まらず、他の地域や組織への波及効果を生み出していけるかが、心理臨床コンサルテーションの発展にかかわる課題であろう。そうした活動をするために、Obholzer & Roberts（1994）やBion（1961）の集団精神療法からのアプローチが参考になる。本書では、上記の教育現場での様子は、第6章

において詳述されている。また司法機関での現状は、第7章にまとめられている通りである。

(2)個人スーパーヴィジョンの展開

さて次に、中核となるスーパーヴィジョンの展開について述べる。歴史的展開は本書第8章でまとめられている。臨床心理士の発足前、そして日本心理臨床学会の発足前から、こころの専門家としての心理臨床家の育成においてスーパーヴィジョンは必須といわれてきた。そこでまず、日本心理臨床学会が誕生して10年を経た際に編集された事典を辿ってみる。1992年最初の『心理臨床大事典』（氏原他編）の「心理療法におけるスーパーヴィジョン」（東山 1992）では4ページにわたる記載となっている。はじめにスーパーヴィジョンの必要性について述べたうえで、心理療法にとって重要な臨床的見立てをスーパーヴィジョン体験から学び、それによって初心者も心理療法に取り組めるようになると記している。そして初心者のスーパーヴィジョン、中級者、上級者（東山の表記による）のスーパーヴィジョンもそれぞれ必要であろうと述べられているが、上級者同士の対話は優れたスーパーヴィジョンになるという。

その後およそ20年、2011年になって再び日本心理臨床学会編集のもと、『心理臨床学事典』が発行された。「スーパーヴィジョン」の項目（倉光 2011）では、2種のスーパーヴィジョンをあげ、「大学院のころ」と「プロになってから」に分けている。後者での特徴として、スーパーヴァイジーの個人特性が取り上げられることが出てくるため、ここで必要となる心理療法（教育分析・教育カウンセリング・個人分析〔倉光の表記による〕）の境界が曖昧になると述べられている。また、クライエントとの転移関係は、スーパーヴィジョン関係にも現れることにふれている。しかし後者の事典で、スーパーヴィジョンに関しての新たな見解や実践研究は示されていない。東山（1992）で、「カウンセリングの研究に比べてスーパーヴィジョンのそれは、まだまだ改善の余地がある。日本に適合するスーパーヴィジョンのあり方をより深く探っていくのが、今後の課題である」と結んでいる。はたして、その現状はどうであろうか。

本邦の臨床心理学関係諸学会、ならびに臨床心理士を含む心理臨床の専門家と医師らとの連携によって運営されている日本精神分析学会をはじめとする諸団体には、スーパーヴァイザーの認定も含めた資格の制定がなされ、それぞれの訓練システムが整ってきたことがまずあげられよう。それらについては、本書第Ⅰ部第１章から第４章に各学派の様子をまとめたので、参照されたい。さらに、私たちの同志はそれぞれの所属学派や心理臨床の専門領域において、スーパーヴィジョンの重要性について主張を発信している。私自身も、日本心理臨床学会教育・研修委員会委員として研修会活動に参画し、日本ロールシャッハ学会においても役員としての発信を行い、みずからがスーパーヴァイザーとなって研修会でのライブスーパーヴィジョンを実践してきている。

　こうして、さまざまな学派や領域でのスーパーヴィジョンを巡る活動が活発化してきている現状がある一方で、普遍的なスーパーヴァイザーの資質について、そのための訓練についての議論がなされているかというと、いまだ課題として残っている。私たちが常に議論してきた、「優れた心理臨床家が優れたスーパーヴァイザーなのであろうか」「臨床実践経験が長ければ、優れたスーパーヴァイザーになれるのか」といった問いに対する答えはみつかっていない。

　私はかねてより、初心のスーパーヴィジョンが必須なのはいうまでもなく、経験を重ねてスーパーヴァイザーを担っている中堅の心理臨床家であっても、スーパーヴィジョンを受けるべきであると主張してきた。これは、先に述べた、東山、倉光のいう「中級者のスーパーヴィジョン」や「プロフェッショナルになってからのスーパーヴィジョン」は、受けるほうが望ましいという記述に留まっているところをより強調したものである。私は、ここに優れたスーパーヴァイザーの一端が見出せると考えるからである。

　東山のいうように、みずからの心理療法活動を丁寧に実践しているというのは、言わずもがなである。つまり、指導者自身が、ただ後方で初心者への旗をふるのではなく、みずからの闘いの姿を若手に見せる勇気を持っていることを指す。同じ経験豊かな者同士のスーパーヴィジョンや訓練も双方に影響し合い、文字通り互いに切磋琢磨できる。したがって、みずからの資質向

上に努め、心理臨床実践活動について議論できる場を持っていることは、優れたスーパーヴァイザーに成長する道と考えている。

「ただ経験を多く積めば優れたスーパーヴァイザーになれるのか」という点では、どうだろうか。多くのクライエント（患者）を引き受けすぎて疲弊しているセラピストが「そんな暇はない」といって臨床実践に邁進している姿は珍しくなく、それは日々こころの支援に大きく貢献していることになろう。しかし、それでは日々の心理臨床実践を「流している」にすぎないことにいつか気づく。また、クライエント（患者）に気づかされるであろう。そのときになってでも一旦立ち止まり、ひとつの事例についてじっくりと検討していくことは、心理療法実践のすべてに役立つ。

こうして私自身が常に大切に想うのは、個人スーパーヴィジョンを受けることに加えて、指導者になってからも、カンファレンスや研修会での事例検討において自験例を発表して、討議する機会を持つことである。それによって新たな気づきが生まれ、心理臨床家としての成長につながる。私たちの臨床実践指導者養成コースでは、これらを実践している教員が、このコースのカンファレンスで大学院生と同様に発表を行っている。これは、いつしか指導者というだけのアイデンティティを形成してしまい、生々しい体験を生きる心理臨床家アイデンティティを見失ってしまう怖れからでもある。前述の東山（1992）も、スーパーヴァイザーの心得として、「スーパーヴァイザーは、スーパーヴァイジーよりも現在においても多くのケースを実践している現役であるということ」をあげている。みずから心理療法で格闘していることがないと、頭でこうあるべきと押しつけてしまうスーパーヴァイザーになってしまう。

スーパーヴァイジーよりもスーパーヴァイザーの数が少なくなり、指導役割が多くなってしまうことは、心理臨床における重要な課題である。そのような制約がありながらも、心理臨床家が指導者になってからもみずからの研鑽を積むことを忘れないことが、今後の心理臨床スーパーヴィジョンの発展に寄与する。

(3)グループ・スーパーヴィジョンの在り方

このところのグループ・スーパーヴィジョンの発展としては、おそらくインターネット検索をして発見されるであろう、社会福祉援助職や介護職など、幅広い対人援助職での活用がある。心理臨床スーパーヴィジョンに関しても、個人スーパーヴィジョンでは、スーパーヴァイザーが不足しているという現状を補う意味でも、多く活用されている。

本書第6章には、「学生相談領域におけるピア・グループ・スーパーヴィジョンの導入」として、グループでの学び合いに関する新たな試みについてまとめられている。ここでは、現在行われているグループ・スーパーヴィジョンについて、私の実践経験からの知見を中心に概要をまとめておく。

グループ・スーパーヴィジョンは、ひとりまたは2名程度のスーパーヴァイザーを中心に、当該専門領域で実践を行っている複数のスーパーヴァイジーによって構成されているグループである。スーパーヴィジョンという名を冠している以上、1、2回で終了するコンサルテーションの緊急支援のようなことは考えにくい。多くは、1年単位で定期的に開かれるもので、週に1回から月に1回程度までの頻度で開催される。カンファレンスとの違いを考えてみると、スーパーヴァイジーである参加者の継続的な事例発表が可能である点があげられる。カンファレンスでは、必ずしも定期的に発表を行うことはなく、頻度はまちまちである。グループ・スーパーヴィジョンの場合は、発表者が定期的に発表の機会を持てるようにメンバーの人数と開催回が工夫されている。いわゆるカンファレンスでは聴衆として参加している者が多いなか、グループ・スーパーヴィジョンでは、自分以外のメンバーの発表を聴き、共に検討をする機会から深い学びを得る。

こうして多角的なグループ・スーパーヴィジョンの展開がなされる一方で、大きな課題がある。それは、スーパーヴァイザーがその集団のカリスマ性を強く発揮して、これまで述べてきたような自分自身の振り返りや研鑽を怠ってしまう可能性である。グループのほうも、メンバー間でスーパーヴァイザーをめぐる同胞葛藤が生まれやすく、個人の場合よりも、「グループの見立て」という役割がスーパーヴァイザーに求められる。つまり、グループ全体での成長がみられ、スーパーヴァイザー自身の成長も伴うグループの運営が

目指されることが、重要なのである。

(4)教育分析（訓練分析）と訓練セラピー

　これについては、本書第4章ならびに第8章に詳細な記述がある。よって
ここでは、前書（髙橋 2014）に示した図3-1の最も深い部分としてあげた
「教育分析」について、週に4回以上の訓練分析、週に3回の訓練分析、週
に2回以下の教育分析、訓練精神（心理）療法といった枠組みの広さについ
て、補足しておくことに留めたい。精神分析家、精神分析的精神療法家とい
った資格取得するための条件は、当該団体の規定による。それに留まらず、
専門家としてだけではなく、ひとりの人間としての生き方や自分自身の在り
方の見直しの機会としても体験しておくことが望ましい。スーパーヴィジョ
ンと同様に体験する訓練分析または精神（心理）療法は、心理療法を実践す
るうえで、広い視野と深い洞察を育むのである。

第3節　スーパーヴィジョンにおける伝承性と独自性

　Ogden（2009a）は、「精神分析を再発見するという仕事に携わる機会と責
任を持つ重要なおそらくただひとつの重要な媒介は『患者とともにいて、患
者と語るという仕事』である」と述べている。さらに同論文のなかで、「私
の人生において、他の誰にもしないような語りかけで患者と語り合っている
ことを普段以上に意識する機会がある」と述べてもいる。セラピスト－患者
関係は、同じものがふたつとない関係性を有するものであり、たとえ同じセ
ラピストであっても、同じパターンではできないのが力動的なセラピーであ
る。Ogden（2009b）では、事例をもとにこれらを詳述している。
　心理臨床において、このことは至極当然といわれるだろう。しかし、数多
くある心理療法の学派のなかで、「指導者の示す手本通りにすすめること」
が義務づけられているものもある。それに基づいて施行できたならば、指導
者への道も拓かれるのである。私たちが軸足をおく力動的なアプローチによ
る心理療法においてさえも、スーパーヴァイザーの言葉を鵜呑みにしてすぐ

に応用してしまうことがありえる。学んだことをセラピスト自身のこころで考え、再発見して自分の言葉として面接場面で活用していくという丁寧な道筋を踏むことなく、盲進してしまうさまである。これは、意図せず無意識的にしていることかもしれない。クライエント（患者）に嫌われたくない、面接が中断するのを恐れる、役に立たない心理臨床家になりたくない、そしてスーパーヴァイザーに嫌われたくないという思いは誰しも抱くであろう。しかし、それは、セラピスト自身の満足感や自己愛的な問題の解消になってしまい、クライエント（患者）のためのものではなくなっているのである。

　忘れてはならないのが、スーパーヴァイザー自身も自分の習った通りに、あるいは思い通りにスーパーヴァイジーを育てようというドグマに陥っていないかというところである。経験豊かなスーパーヴァイザーであっても、陥りやすい課題として自覚しておくべきである。スーパーヴィジョンも相互的なかかわりなのである。

　私が別稿高橋（2024）でも引用している Ogden（2009b）の *Rediscovering Psychoanalysis* から、精神分析という営みやスーパーヴィジョンについての "dreaming up" という言葉について、ここで少しふれてみる。本書を翻訳された先生方によって、「夢見て作り上げる」と表現されているようにここでいう "dreaming up" は、ただ自由に漂って夢見ることだけではなく、何かを作り上げるという意味が込められている。私が最初に本論文に出会い、この奥深い言葉について調べたところ、「生み出す」「創り上げる」というさらに創造的な意味を持っていることに行きついた。そして同論文のなかでは、「……患者あるいはスーパーヴァイジーが以前には夢見ることができなかった体験を夢見られるように分析家が援助するとき、分析家は患者あるいはスーパーヴァイジーが（一個人として、あるいは分析家として）夢見て自分自身に存在を与えること dreaming himself into existence を手助けしていることになるのである」（同論文所収、『精神分析の再発見』邦訳書より引用）と主張している。これは、スーパーヴィジョンという体験的学びを通して得たものが、スーパーヴァイジー自身のものになっていくプロセスを重視していると理解できる。

　それでは、いったいスーパーヴァイザー自身の学びはどこから来るのだろ

うか、かつて指導者自身が受けたスーパーヴィジョンでスーパーヴァイザーの助言からのみ会得したものではない。スーパーヴァイザー自身の訓練や面接体験から、これらの咀嚼を行い、さらに数多くの心理療法体験によって夢見ることができるようになったことからさまざまな発見がなされたのであろう。そして、その自体化ともいうべきものを経て次の世代のスーパーヴァイジーに伝えられていくと考える。

　私は前書等において、「型をしっかり覚えた後に『型破り』になれる」（無着 1984他）ということに触れている（髙橋 2014他）。型がなければ、型無しになってしまい、何も学んでいないことになる。むしろ「『型破り』になれること」をどう目指すかが、ここでいえば唯一無二の自分のものとして、夢見ることができるというのであろう。そのために「伝承」された『型』をしっかり学ばねばならない。前書（皆藤 2014）を編集した皆藤を中心とした同志が重視した「臨床性」ともいうべきものであり、私が学んできた「臨床のこころ」である。また私は、別稿にて和菓子職人を例に挙げながら、職人芸である技を若手がみて真似る所作からはじめて技を磨き、次第に自分の味を作っていくとも記している（髙橋 2024）。これらはどれも伝承性をもった基本を学び、それを独自のものにしていくプロセスであり、いずれも心理臨床家の道として大切なものと考える。

　加えて、髙橋（2014）で引用した北山（2001）のいう、「安定した治療関係のために、しっかりとした『Supervisor‐Psychologist‐Patient』の三角形を維持することの必要性」をふまえて、さらに私は、三者がそれぞれのもの想いを抱く空間も含めて重視したい。この三角形はそれぞれの頂点から線にかけて立体的なさまを想う。スーパーヴィジョンの折に、スーパーヴァイジーのみならず、スーパーヴァイザーの想いが、その場の空間に漂う。その背景にはもちろん、当該クライエント（患者）の言葉がある。この立体的な想いも含めた三者関係が維持できるならば、セラピーのなかに起きてきた物事、語られた言葉について、多角的に思考することが可能となる。よって、「前回話したことをもう一度考えたんですが」などといって、スーパーヴァイジーが語り出すとき、私自身心躍る想いを抱くのである。このようにして、スーパーヴィジョンで交わされた丁寧な対話が、スーパーヴァイジーのセラピ

ストとしての独自性をも育んでいく。スーパーヴィジョンという場で、スーパーヴァイザーからの言葉は、ある意味伝承性を持った言葉かもしれない。もちろん、いつも同じことを言って指導しているということではない。まったく異なった心理面接に対して、スーパーヴァイザーが培ってきた勘所にも拠る発言が含まれるからである。それを共に考え、上記の独自性である新たなものを育む場がスーパーヴィジョンであると考える。

　本章の結びにも私の体験として述べるが、スーパーヴァイザーの先生方が言われたひとこともももちろんこころに響くのだが、私のなかでは、それらの言葉と面接での様子が残響となって、上述の三角形の対話に加わる印象を持つ。それは、私自身の臨床力の成長の大きな糧となっている。

第4節　ひとの多様性を想う心理臨床実践

　もうひとつの視点として、私は心理アセスメントのスーパーヴィジョンの発展についても深く関わってきていることをあげておく。そして、多くの主張を書籍や講演等で発信してきた。

　この10年の間にもうひとつ私が感じる危機的変化は、心理臨床実践現場において、ロールシャッハ法を中心とした複雑な分析を要する投映法の実施が減ってきているという現状である。私たちの待ち望んだ心理臨床家の国家資格として誕生した「公認心理師」の必須業務にあげられておらず、かつその熟知が求められていないことも一因とあえてここにあげておこう。

　ロールシャッハ法やTATといった、複雑で高度な専門技術を要する投映法の実施とその分析や所見作成には、「てまひま」かけた技術の伝播とスーパーヴィジョンを通した幅広い知見の拡充や応用が必要である。だからこそ、実践現場の心理的支援に役立つ心理アセスメントの一助となりうる。あまり習得しなくなった、あるいは学部や大学院では習ったが、それ以降の学びが途絶えた原因をたずねると「煩雑なのでもっと簡便にできる検査の導入が好ましいから」という意見もあるようだ。これは、現代人の生き方に対して多様性を重んじる世界観から逆行して、画一化されていくつかの類型化が可能

と考える指向性と思われる。ここで述べてきたふたつとないひとのこころ、そこにかかわるセラピストとのかかわりを想うと、反対の方向性を持っている。いくつかのパターンで分けて考え、心理学的診断をしていく「作業」につながってみえる。丁寧な見立てをしていきながら心理療法を通してかかわっていくことで、クライエント（患者）自身のこころの問題の解決がみえてくる。そしてただ問題を解決しただけではなく、彼らがよりよく生きやすくなる道筋となっていくことを目指したい私には、危機感を覚える。もちろん、多くのひとが心的外傷を被る場合のように、まず簡便に問題を振り分けることが必要となるような事案もあるかもしれない。また、複雑なパーソナリティのアセスメントだけではなく、一見簡便にみえる質問紙によるチェックリストが、心理療法の導入期に必要な場合もある。しかし、前者においては時期を置いて再チェックをしていくこと、後者においては、より深い投映水準を持った心理検査とのテストバッテリーの一翼として実施することで、アセスメント能力をさらに発揮できる。よって、簡便な方法を一度きり実施して、クライエント（患者）のその後の人生に大きくかかわるような指針を伝えるのは、極めて危険といわざるをえない。

　心理臨床実践の要となる、ひととひととの出会いと深いかかわりから理解されるこころは、簡単にそして単純に理解されることが可能なのだろうか。そうなると、いずれ心理アセスメントもそれに続く心理療法をはじめとした心理支援も AI に任されてしまうのだろうか。それは大げさに言えば、丁寧なこころの支援の破綻にまで至るような思いさえ抱く。

　こころは簡単にはわからない。だから、私たちひとのこころに向き合う専門家はその営みを続けている以上、修練が必要と考えている。どれほど世界が便利になろうとも、変わらず必要であると、私は思っている。『心理臨床大事典』（1992）では、齋藤によって「人格査定のスーパーヴィジョン─投映法（ロールシャッハ法）における基本問題」として、先の東山と同様に大きく紙面を割いて解説されている。とくに投映法、ロールシャッハ法の基本的な訓練を通して、その課題としての特質を踏まえた訓練と共に、臨床マインドの育成に至るまで齋藤の論が展開されている。

　私自身実感しているところであるが、心理検査の習得には、まずその課題

遂行ができるようになることが求められ、そこには正解がある。そこが心理療法のスーパーヴィジョンとは異なるところである。重要な次のステップとして、可能となった分析結果から何を導き出し、どのように心理療法に活かしていくかである。さらに、クライエント（患者）へのフィードバック、依頼者へのフィードバック、さらに必要に応じてクライエント（患者）と深くかかわる者へのフィードバックの工夫が必要となる。これらのステップには、心理療法と同様に、研修会やカンファレンスでの参加、個人やグループでのスーパーヴィジョンが必須になる。

　また齋藤は、臨床素材を通して、あらためて学んだパーソナリティ理論をより深く理解することにつながっていくという。私は、これらの理論と実践の往還をすることで、次第に使いこなせていくのが、心理アセスメントのツールとしての心理検査であると考えている。私は、日本ロールシャッハ学会においても、教育・研修委員会を通して指導者養成の機会を設けてきた。危機が漏れ聞こえるなかでありながらも、心理アセスメントのスーパーヴィジョンに関して、日本ロールシャッハ学会、包括システムによる日本ロールシャッハ学会によって、ここ数年、現状把握と共にスーパーヴィジョンの働きかけがはじまっている。そして、心理臨床家の多くがそのニーズを持っているのである。

第5節　これからの歩みにむけて

　冒頭に、この10年で心理臨床実践の世界は大きく変化してきたと述べた。まわりの変革のなかで、実はこの10年、心理臨床家としての私自身が変化したことを自覚している。その概要は別稿として髙橋（2023）をもとに、髙橋（2024）にて今振り返られる部分としてまとめているので、参照いただけたら幸いである。本章を結ぶにあたって、可能な範囲で私自身の体験にふれながらまとめとする。

　私は、2009年春に現職に就くため、九州大学大学院人間環境学研究院から異動してきた。京都大学の臨床心理学教室は、既知の先生方も多く、私のな

かでは、心理臨床家として育った血筋の親戚のように思っていた。それは、故河合隼雄京都大学名誉教授と、私の恩師である故村上英治名古屋大学名誉教授との縁から、そのように思い込んでいたところによる。村上教授から学ぶ精神病を抱えたひとびととのかかわりは、故木村敏京都大学名誉教授をはじめとした精神病理学の学びにつながっていた。そして私の最初の病院臨床実践は、木村教授の教え子である医師たちとの協働現場であったことも縁のひとつであった。しかし、実際に着任した京都大学の臨床心理学教室は、私の想像をはるかに超え、九州大学に赴任したときよりも大きなカルチャーショックを受けた。私は、即座に引き返したい気持ちを抱いた。「着の身着のまま」やってきた自分では、生き残ることができない。もしもここに居続けるならば、私は心理臨床家としての訓練をやり直すしかない。そして程なくそれを実行に移し、10年余りにわたるさらなる訓練が続いた。

　学び直しのなか、私自身を支えてくれたのは、「学び手」となる立場である。心理臨床家になって30年、大学教員として20年余り経過してからの学びはどれも新鮮で、そこには、医師、臨床心理士、大学教員という立場でもなく、そのセミナーから学ぼうとする「仲間」とのかかわりがあった。途中挟んだコロナ禍は、飲食も共にしながら臨床を語り合う場を奪ったが、今再びそうした仲間との交流が復活してきている。これは、今の私の大きな支えになっている。

　そして、その長い期間のなかで受けた、精神分析的精神療法やスーパーヴィジョンの体験が、私を（内的には）大きく変えたと思っている。それは、私という人間の深いこころの部分の在り様であり、外見的なものや大きな振る舞いの変化ということではない。精神分析的精神療法については、異なる学派の訓練分析家の先生方に受けることが叶ったことは、とても大きな糧となったが、それを言葉にして表すには、まだ数年の時間が必要である。

　さてスーパーヴィジョンの体験については、上記の体験と切り離してまとめられるか難しいところだが、本書をお読みいただく「臨床実践指導者」の先生方にも参考になればと考え、体験から考えたことをまとめてみたい。これは第9章皆藤章京都大学名誉教授の文章に触発されたところでもある。この間に3人の訓練分析家の先生方にそれぞれ別のクライエントとのかかわり

を巡って、スーパーヴィジョンを受けることが叶った。これも望外の幸せであり、心理臨床家としてこれほどまでの名誉はないと思っている。そうした訓練を受けながら、まだまだここか……と自他共に認めるところは依然としてある。その気負いとの闘いが始まったともいえる。ここでのスーパーヴィジョン体験から、私と各クライエントとの関係を巡って、こころのなかでの対話がより一層膨らんできたように思う。それは松木（2010）が述べる、「スーパーヴァイザーの指し示したところを見るのではなく、スーパーヴァイザーの発言の起点を覗き見ること」や「スーパーヴァイザーが発する『こころに響くことば』や『真摯な問いかけ』が心に残り、それが自分のことばになる」といった体験であった。それは、「スーパーヴァイザーに褒められたい」「スーパーヴァイザーの言葉通りに、コピーのようになってみたい」という欲望とは違い、私のこころのなかで、スーパーヴァイザー、患者（クライエント）と私という三角関係において、患者（クライエント）の言葉を巡って、対話をすることであった。そうした先生方からの支えを得て、髙橋（2022）の論文は生まれた。

　もともと私は、スーパーヴァイザーとしてスーパーヴィジョンを行うときに、「さあはじめましょう」とか「では今日持ってこられた面接について、お話しください」と言い、スーパーヴァイジーが面接記録を読み上げたあと、「今読まれていかがでしたか？」と、ここでの体験を問うていた。それは自然に発していたが、それがスーパーヴィジョンでの「いま、ここで」の感覚と、スーパーヴァイジーの「面接の時（あの時）と面接の場（あそこで）」でみたもの、聴いたことを行き来しているのだと認識した。かつて面接と同様に、「何かを得て帰ってもらわなくては」という無意識が働いていたスーパーヴァイザーであった私は今、スーパーヴァイジーとその面接について「ともに考える人」になっている。気がつくと「あと○分、ディスカッションの時間がありますね」という言葉が添えられていた。

　そこから育まれた感覚としての例をあげる。スーパーヴァイジーが、毎週の面接を持ってくるとは限らず、さまざまな事情から、隔週の面接を持参することがあるのは心理臨床実践でやむを得ない。そのような場合にも私からの助言はせず、「これが隔週の面接だから、おそらく先生はこのように言わ

れたのでしょう。これが毎週ならば、あるいはもっと頻度が高ければ、先生との関係をもとにこうした介入ができそうです」と、少し私からもそれらの介入の違いにふれてみる。すると、それはなぜかと問いかけられるし、それに応答している私自身が、ふたつの構造の違いによる介入について、学び、新たな発見を得る。

　私自身がスーパーヴァイザーに、「前回話されたこと」について、気になっていることを持ち込むとさらに私の理解が深まったように、私のスーパーヴァイジーもそうしたやりとりをしてくる。ここに新たな学びと理解の往還が生まれる。それは彼らが、当該クライエント（患者）とかかわるなかでほんの少しの変化をもたらし、「ようやく毎週の面接になりました」との報告を受けることがある。みずからより深く考えられるようになったセラピストとの面接が、クライエント（患者）にとって、有益な面接という実感が生まれたのだろう。

　私のスーパーヴィジョン体験から生まれたことの一端を述べたが、さらにもうひとつ付け加えたいのは、そうした体験をもう一度別の言葉で表したり、先達はどう表現しているのだろうと考えたりして、あらためて多くの書籍、論文を「読み漁る」ようになったことである。すると、多くの付箋や書き込みがすでにあり、「前に読んだのに頭に入っていなかったのか」と肩を落とすときがある。おそらく、そのときと今の私の読み方は明らかに異なる。わくわくして読む時間はあっという間に過ぎていく。ここでまた、スーパーヴィジョン体験と言葉にする体験の往還が生まれる。

　繰り返し述べているところだが、臨床実践指導者が、「指導者役割」だけになってしまうのは、心理臨床家としての「勘所」を狭くしてしまい、自身の実践も同様に閉ざされたなかでしか動けなくなると私は考える。若手から指摘されるコメントを真摯な眼差しで受け取ることのできない自己体験本位の指導者になってしまいかねない。クライエント（患者）の発する言葉を、多方向から「視ること」ができる心理臨床家になるためにも、そうした指導者になるためにも、訓練は永続的に受けていくべきと考えている。それが、心理臨床の伝統を受け継いできた者の使命であり、これから学ぼうとする学生らに対して受け継いでもらいたい姿勢と考えている。京都大学大学院の臨

床実践指導者養成コースで学んだ諸兄諸姉は、皆このような姿勢を受け継いでいることに誇りを持っている。そしてこのあともさらに受け継いでいってほしい。

　学派や領域を越えて、スーパーヴィジョンに必要と考えられるものが生涯の学びであること、そうして心理臨床家であれば皆が目指すところの一致と、そのための多様な道のりに視野を広く持って考え続けていくことが大切なのである。

　こう主張する以上、これからの歩みに向けて、私はまだまだ研修会やセミナーで事例発表を行い、lecture を受け、lecture を行っていく。それらの歩みが日々の臨床活動を支えてくれるものという強い想いを持って、歩みを続けていきたい。不完全な私として、多くの先生方との切磋琢磨をしていきたい。その成果を発信し、「伝承」していくことが、私たちスーパーヴァイザー世代の課題である。そして、この指導者（スーパーヴァイザー）養成こそ、スーパーヴィジョンの展開、そして発展を生む鍵になると考えている。

［文　献］

Bion, W.R., 1961, *Experiences in groups and other papers.* Tavistock publications.（ハフシ・メッド監訳〔2016〕『集団の経験―ビオンの精神分析的集団論』金剛出版）

東山紘久（1992）（2004　改訂版）「心理療法におけるスーパーヴィジョン」氏原寛他編『心理臨床大事典』248-251頁、培風館。

Hobson, R.P. 2013, Working Over. Hobson, R.P.（ed.）*Consultation in psychoanalytic psychotherapy.* pp.86-104, Karnac Books.（福本修監訳〔2019〕「第5章　徹底的に調べる」『精神分析的心理療法におけるコンサルテーション面接』97-114頁、金剛出版）

皆藤章編（2014）『心理臨床実践におけるスーパーヴィジョン―スーパーヴィジョン学の構築』日本評論社。

北山修（2001）『精神分析理論と臨床』誠信書房。

倉光修（2011）「スーパーヴィジョン」日本心理臨床学会編『心理臨床学辞典』124-125頁、丸善出版。

松木邦裕（2010）『精神分析臨床家の流儀』金剛出版。

無着成恭（1984）『人それぞれに花あり―無着成恭の対談集』太郎次郎社。

公益財団法人日本臨床心理士資格認定協会ホームページ　http://fjcbcp.or.jp/about/（2023

年10月24日閲覧）

Obholzer, A. & Roberts, V.Z., 1994, *The unconscious at work: individual and organization a stress in the human services*. Routledge.（武井麻子監訳〔2014〕『組織のストレスとコンサルテーション—対人援助サービスと職場の無意識』金剛出版）

Ogden, T.H., 2009a, Rediscovering psychoanalysis. *Psychoanalytic Perspectives* 6(1): 22-31.（藤山直樹監訳〔2021〕『精神分析の再発見—考えることと夢見ること　学ぶことと忘れること』木立の文庫に収録）

Ogden, T.H., 2009b, On psychoanalytic supervision. *Rediscovering psychoanalysis: thinking and dreaming, learning and forgetting*. pp.31-49, Routledge.（藤山直樹監訳、手塚千恵子訳〔2021〕「第 3 章　精神分析的スーパーヴィジョンについて」『精神分析の再発見—考えることと夢見ること　学ぶことと忘れること』49-75頁、木立の文庫）

斉藤久美子（1992）（2005　改訂版）「人格査定のスーパーヴィジョン—投映法（ロールシャッハ法）における基本問題」氏原寛他編『心理臨床大事典』632-635頁、培風館。

髙橋靖恵（2014）「第 3 章　スーパーヴァイザー養成を巡る諸課題」「第 7 章　スーパーヴィジョン学の構築」皆藤章編『心理臨床実践におけるスーパーヴィジョン—スーパーヴィジョン学の構築』50-66頁、150-174頁、日本評論社。

髙橋靖恵（2022）「治療者の事後性とアセスメントへの回帰」『精神分析研究』66巻 3 号、247-259頁。

髙橋靖恵（2023）「心理臨床における『時間』と『言葉』」『心理臨床スーパーヴィジョン学（京都大学大学院教育学研究科　臨床心理学講座　臨床実践指導者養成コース紀要』9 号、3-8頁。

髙橋靖恵（2024）『心理臨床実践において「伝えること」』福村出版（印刷中）。

おわりに
──スーパーヴィジョン学の歩み

髙橋靖恵

　『心理臨床実践におけるスーパーヴィジョン─スーパーヴィジョン学の構築』（皆藤編 2014）から10年、はたして「スーパーヴィジョン学」は、どこまで構築できているのだろうか。この10年を顧みると、たしかに各学会、協会でスーパーヴィジョンという言葉を目にすることが多くなった。そして、各団体においてスーパーヴァイザー養成、資格といったことも生まれてきている。しかし、私たちが目指すのは、心理臨床実践におけるスーパーヴィジョン学であり、皆藤が本書第9章に述べているように、「学派や個人による違いを超えて共通する要素」を見出していくことにある。そこで記されているように、この要素を「共有することは学派や個人に通底する心理臨床の本質を理解することにつながる」と、私自身も考えている。それは、前書で強調されてきた「臨床性」、私が恩師から学んできた「臨床のこころ」を構成するものでもある。私たちは、まったく領域の異なる分野で心理臨床活動を実践している。そして縁あって、京都大学大学院教育学研究科に20年の歴史を刻む臨床実践指導者養成コースに集っている。そこでスーパーヴィジョンにまつわる事例を通して、いくつかの疑問を抱き検討してきた。

　たとえば、各所で述べてきたようなスーパーヴァイザーの資質に関する疑問である。「長年の経験があれば、優れたスーパーヴァイザーといえるのだろうか」、「優れたセラピストが優れたスーパーヴァイザーなのだろうか」、「そもそも心理臨床実践において、『優れた』とは、どのような様を指すの

か」といったスーパーヴァイザーの資質に関する問いである。

　さらには、本書第8章で西が取り上げているように、スーパーヴィジョンと心理療法、それぞれに生起するスーパーヴァイザーとスーパーヴァイジーとの関係性は、どう異なるのだろうか。逆にスーパーヴィジョンで生起されたことが、セラピーに持ち込まれることはあるのだろうかという、いわゆるパラレルプロセスについても省察されてきた。

　また、スーパーヴァイジーの経験年数によって、スーパーヴィジョンはどう変わるのか、あるいは変わらないのか。とりわけ大学院修士課程に進学して、イニシャルケースを担当した時のスーパーヴィジョンでの体験はどのように生きていくのだろうか。これは本書では、第9章で皆藤によって、丁寧な振り返りと今との繋がりについて述べられている。ある程度心理臨床経験を経て、面接の難事と立ち向かうため、あるいは心理臨床家としての自分自身のさらなる成長のために受けていくスーパーヴィジョンはどのようなものとなっていくのだろうか。私は、この際のスーパーヴァイジー（セラピスト）としてのもの想いとして、別稿にまとめている（髙橋 2024他）。

　スーパーヴィジョンのセッションについても細かな検討がなされてきた。スーパーヴィジョンを受ける際の面接記録はどのようなまとめ方が適切なのだろうか。その記録はいつ取るのだろう。面接記録を記載してスーパーヴィジョンに持参した資料には記載されていないことが、スーパーヴィジョン中に思い浮かんでくるのは、どのような意味があるのだろうか。また、スーパーヴァイザーの対応の仕方、枠組み、諸設定にまつわることも討論されてきた。

　こうして数多くのスーパーヴィジョン学を構成する要素について討議をしてきたが、これらは、「心理臨床スーパーヴィジョン学」と冠した私たちのコース（講座）紀要の中に、ケースカンファレンス報告としてまとめてきた。今後はこれらの問いと討論から導き出されてきたことをキーワードとして、私たちの目指す「スーパーヴィジョン学」について、提言ができたらと思う。

　さて、そのような多岐にわたる検討を重ねてきた私たちが、本書では3部構成として、これまでの経験をまとめてきた。前書では、全体がひとつの研

究となるようなまとめであったが、本書は３部構成となった。各構成は、「はじめに」で西が述べた通りである。

第Ⅰ部第１章として、芸術療法の視点を取り上げた。新居みちるによれば、本邦の芸術療法における教育（訓練）プロセスやそのスーパーヴィジョンシステムは、欧米の Arts Therapy に比べ十分とはいえないという。その基礎作りと発展のために、新居自身が日本芸術療法学会において発信を行ったものをもとにまとめられている。

そして、身体性を生かした心理療法を行うダンス・セラピーの経験をもとに、鍛冶美幸は身体技法の訓練と精神分析的心理療法とのつながりを模索する。本書では、身体次元の交流から言語化への重要性、そしてスーパーヴィジョンでの活用例も提示している。身体と言葉という、私たち心理臨床家が大切にしているこころの表現について、多角的にみていこうとするものであるが、実は日常的な心理臨床実践に生かされている視点ともいえる。

第３章では、星野修一によって、精神分析的心理療法におけるスーパーヴィジョンに関して、その概観をまとめ、あらためて訓練プロセスについて整理している。私たちの講座（コース）では、力動的なアプローチを志す仲間が多い中で、本書では若手の視点からまとめている。

第４章では布柴靖枝が長年の経験知をもとに、自身の志向する家族療法は、家族を世代間伝達という枠組みで統合的に見立て、アプローチしていくことを説明したうえで、そのスーパーヴィジョンについてまとめている。個人療法とはパラダイムが異なるものの、それらを統合的にみてかかわることが、個人と家族への支援につながることを示している。この視点に立てば、家族療法という独自のスキルの習得というところに留まらず、私たちの心理臨床実践における家族とのかかわりとして広く活用できるものと理解できる。

こうして、第Ⅰ部では、現代の心理臨床実践において注目される学派を取り上げ、その現状とスーパーヴィジョンについてまとめている。しかし、本書はそれぞれの学派の「技法論」を単純に論じるものではなく、各章が広くこころの理解や臨床のこころについてふれている。私たちの目指す、学派を越えて通底する教育（訓練）の在り方についても、大きな示唆を与えてくれるものと考える。

続く第Ⅱ部は、現代の心理臨床実践現場におけるスーパーヴィジョンの多様化を取り上げた。まず第5章で、心理臨床家の現場として最も多く活動するところといわれている「医療現場」について、基礎となる実習指導を受け入れる立場として、森一也が詳細なプロセスをもとにまとめた。とくに医療現場の基礎実習では、大学院教育で「座学」として学ぶものだけでは網羅できない「現場の知」を教育することが必要となる。とくに「振り返り」のセッションを実習での基礎的なスーパーヴィジョンと準え重視した点は、今後多くの現場実習で取り入れられることを望みたい。

　第6章では、教育現場におけるスーパーヴィジョンを取り上げた。はじめに森岡理恵子によって、スクールカウンセリングの現場で体験する多職種連携における問題について、事例をもとに考察された。久保薗悦子からは、学校臨床を広く捉え、そこでのスーパーヴィジョン機能と現状をまとめた。最後に、大学での学生相談臨床の実践経験から枝川京子が、新たな相互訓練プログラムとして、ピア・グループ・スーパーヴィジョンの提言を行っている。こうして、教育臨床におけるスーパーヴィジョンは、一見すると長い歴史があるように考えられるが、その実際は地方自治体によって異なり、また現場によっても異なる現状がある。教育という現場の中で、こころの支援をいかに普及し日々の生活に生かしていくかについては、今後も引き続き検討が求められる。

　第7章では保﨑恵理子が、警察臨床実践での体験をまとめている。日本の司法領域では、加害者の更生指導プログラムに注力してきた歴史がありながらも、いまだそのプログラムは十分整備されたとは言い難い。再犯率の軽減のためにもさらにその充実が求められる。一方被害者支援は、さらに諸外国に比べて立ち遅れており、多大な被害を及ぼす事件の発生によって、システムの急な構築が求められてきた歴史があるようである。その先駆的な試みについて、そしてスーパーヴィジョンはどうあるべきかについてまとめている。

　第Ⅲ部は、西見奈子、皆藤章、そして私から、本コース（講座）から提言していきたい内容をまとめた。精神分析の歴史を専門のひとつに挙げる西見奈子は、スーパーヴィジョンの歴史を十分咀嚼して、現在にも通底する問題について提言している。先述のように皆藤章は、本書が学派や実践領域によ

る、いわゆる各論を呈していることをふまえ、皆藤自身のスーパーヴァイジー体験に遡って、心理臨床実践に通底する重要性を模索する。私からは、前書のスーパーヴィジョン学の発展がどのように展開しているか、今後の問題にもふれた。また、京都大学のそして、日本の臨床心理学を支えてくださってきた東山紘久名誉教授が2021年に、齋藤久美子名誉教授が2022年にご逝去されたことを悼み、第10章では、あらためて両先生の論考をたどってみた次第である。

今回、心理臨床実践に生きるスーパーヴィジョンの実際について、前書に引き続き、日本評論社より上梓できることを嬉しく思う。2冊共に編集の労をおとりいただいた木谷陽平様には、こころからの感謝を申し上げたい。

そして、志を一にする仲間に恵まれたことを想い、本コースの発展を願ってやまない。ここから臨床実践指導者、スーパーヴァイザーを多くの大学や心理臨床実践現場に送り出すことができていること、さらなる学びと思考が展開していることを誇りに思う。こうして、歴史を振り返りつつ、私たちの「スーパーヴィジョン学」の探究は、まだこれからも歩み続ける。長い道のりである。

これまでの歩みを支えてくださった先生方に深謝申し上げるとともに、本書をお読みいただき、多方面からのご意見をいただけたら幸いである。

［文　献］
皆藤章編（2014）『心理臨床実践におけるスーパーヴィジョン—スーパーヴィジョン学の構築』日本評論社。
髙橋靖恵（2024）『心理臨床実践において「伝えること」』福村出版（印刷中）。

執筆者一覧（執筆順、＊は編者）

新居みちる（あらい・みちる）
山梨英和大学人間文化学部

鍛冶美幸（かじ・みゆき）
文教大学人間科学部

星野修一（ほしの・しゅんいち）
大阪・京都こころの発達研究所 葉／谷町こどもセンター

布柴靖枝（ぬのしば・やすえ）
文教大学人間科学部

森　一也（もり・かずや）
京都大学大学院教育学研究科博士後期課程／南青山心理相談室

森岡理恵子（もりおか・りえこ）
京都大学大学院教育学研究科博士後期課程／奈良教育大学 ESD・SDGs センター

久保薗悦子（くぼぞの・えつこ）
京都大学大学院教育学研究科博士後期課程

枝川京子（えだがわ・きょうこ）
京都大学大学院教育学研究科博士後期課程／神戸芸術工科大学

保﨑恵理子（ほざき・えりこ）
京都大学大学院教育学研究科博士後期課程／京都府警察本部

＊**西　見奈子**（にし・みなこ）
京都大学大学院教育学研究科

皆藤　章（かいとう・あきら）
京都大学名誉教授／奈良県立医科大学特任教授

＊**髙橋靖恵**（たかはし・やすえ）
京都大学大学院教育学研究科

編者————

髙橋靖恵（たかはし・やすえ）
京都大学大学院教育学研究科臨床心理学講座教授。名古屋大学大学院教育学
研究科博士後期課程単位取得退学。博士（教育心理学）。臨床心理士、日本
精神分析協会精神分析的精神療法家、家族心理士、公認心理師。著書に『コ
ンセンサス　ロールシャッハ法—青年期の心理臨床実践にいかす家族関係理
解』（金子書房）、『「臨床のこころ」を学ぶ心理アセスメントの実際—クライ
エント理解と支援のために』（編、金子書房）、『ロールシャッハ法解説—名
古屋大学式技法』（共編、金子書房）、『ライフステージを臨床的に理解する
心理アセスメント』（編、金子書房）などがある。

西　見奈子（にし・みなこ）
京都大学大学院教育学研究科臨床心理学講座准教授。九州大学大学院人間環
境学府博士後期課程単位取得退学。博士（心理学）。国際精神分析学会
（IPA）正会員、日本精神分析協会会員、精神分析家、臨床心理士、公認心
理師。著書に『いかにして日本の精神分析は始まったか—草創期の５人の男
と患者たち』（みすず書房）、『精神分析にとって女とは何か』（編、福村出
版）、『教育相談支援　子どもとかかわる人のためのカウンセリング入門』
（編、萌文書林）などがある。

心理臨床に生きるスーパーヴィジョン──その発展と実践

2024年２月25日　第１版第１刷発行

編　者——髙橋靖恵、西　見奈子
発行所——株式会社　日本評論社
　　　　　〒170-8474　東京都豊島区南大塚3-12-4
　　　　　電話 03-3987-8621（販売）-8598（編集）　振替 00100-3-16
印刷所——港北メディアサービス
製本所——井上製本所
装　画——木村彩子
装　幀——臼井新太郎

検印省略　© 2024 Takahashi, Y., Nishi, M.
ISBN978-4-535-56427-5　Printed in Japan

夢と共に作業する ユングの夢解釈の実際

ヴォルフガング・ギーゲリッヒ[著]

猪股 剛[監訳] 宮澤淳滋・鹿野友章[訳]

夢解釈の決定版！ 夢と魂の現象としてのユング心理学がここにある

ユング心理学の理論と実践を矛盾なく結びつけた上で、臨床における夢の解釈が多様な角度から丁寧かつ具体的に論じられる決定版！ ●定価5,280円（税込）

布コラージュ法の世界

藤井智美[著] 回復への途を紡ぐ物語

高齢者から子供まで、温かな布は誰をも排除せず水平な関係のまま包み込む。細やかな配慮によるセッションでセラピスト、クライアント双方が希望の糸口を見出す世界。事例をもとにわかりやすく紹介する。 ●定価2,640円（税込）

その心理臨床、大丈夫？
心理臨床実践のポイント

遠藤裕乃・佐田久真貴・中村菜々子[編]

現場でたちすくむ臨床家に送るヒントとエール！

若手セラピストに典型的な行き詰まりをどう打開するか。ベテランの誌上スーパーバイズを通じて流派を超えた共通ポイントがわかる。 ●定価2,530円（税込）

教室で生かす
カウンセリング・アプローチ

桑原知子[著] 必要なのはカウンセリングのエッセンス

学校現場で求められるカウンセリング的な対応とはなんだろうか。生徒、保護者、同僚教師など、具体的な場面を想定してレクチャー。 ●定価1,760円（税込）

［新版］プレイセラピー 関係性の営み

ゲリー・L・ランドレス[著]

山中康裕[監訳] 江城望・勅使川原学[訳者代表]

大好評の手引き書、大幅グレードアップ！

圧倒的人気を博した「経験則」を増やし、倫理・法的問題、スーパーヴィジョンを補充し、理解しやすく役に立つよう大幅に書き直し！ ●定価3,850円（税込）

日本評論社
https://www.nippyo.co.jp/